노무현, 마지막 인터뷰

# 노무현,
# 마지막
# 인터뷰

글·오연호

오마이북

하지 못한 추도사를 대신하여

## 우리가 깨어 있으면
## 노무현은 죽어서도 죽지 않습니다

대한민국 제15대 대통령 김대중

나는 지금도 그날을 잊을 수가 없습니다. 동교동에서 독일 〈슈피겔〉
지와 인터뷰를 하다가 비서관으로부터 노무현 전 대통령의 서거 소식
을 전해 들었습니다. 그때 나는 "내 몸의 반이 무너진 것 같다"고 했
습니다. 왜 그때 내가 그런 표현을 했는지 생각해봅니다. 그것은 우리
가 함께 살아온 과거를 돌아볼 때 그렇다는 것만이 아니었습니다. 나
는 노 전 대통령 생전에 민주주의가 다시 위기에 처해지는 상황을 보
고 아무래도 우리 둘이 나서야 할 때가 머지않아 있을 것 같다고 생각
해왔습니다. 그러던 차에 돌아가셨으니 그렇게 말했던 것입니다.

* 이 추천사는 김대중 전 대통령이 2009년 6월 27일 동교동 사저에서 한 시간 동안 오연호 대
  표 기자에게 구술한 내용을 정리한 것입니다.

나는 상주 측으로부터 영결식 추도사 부탁을 받고 마음속으로 준비하고 있었습니다. 그런데 하지 못했습니다. 정부 측에서 반대했다고 들었습니다. 그때 나는 어이없기도 하고 그런 일을 하는 정부에 연민의 정을 느꼈습니다. 마음속에 간직한 추도사는 하지 못한다고 해서 없어지는 게 아닙니다. 영결식장에서 하지 못한 마음속의 그 추도사를 《노무현, 마지막 인터뷰》의 추천사로 대신합니다.

노무현 대통령 당신, 죽어서도 죽지 마십시오. 우리는 당신이 필요합니다. 노무현 당신이 우리 마음속에 살아서 민주주의 위기, 경제 위기, 남북관계 위기, 이 3대 위기를 헤쳐나가는 데 힘이 되어주십시오. 당신은 저승에서, 나는 이승에서 우리 모두 힘을 합쳐 민주주의를 지켜냅시다. 그래야 우리가 인생을 살았던 보람이 있지 않겠습니까.

당신같이 유쾌하고 용감하고, 그리고 탁월한 식견을 가진 그런 지도자와 한 시대를 같이했던 것을 나는 아주 큰 보람으로 생각합니다. 저승이 있는지 모르지만 저승이 있다면 거기서도 기어이 만나서 지금까지 하려다 못한 이야기를 나눕시다. 그동안 부디 저승에서라도 끝까지 국민을 지켜주십시오. 위기에 처해 있는 이 나라와 민족을 지켜주십시오.

노무현 전 대통령의 서거 소식을 접하고 우리 국민들은 엄청난 충격을 받았고 조문객이 500만 명에 이르렀습니다. 나는 그것이 한과 한의 결합이라고 봅니다. 노무현의 한과 국민의 한이 결합한 것입니다.

노무현 전 대통령은 억울한 일을 당해 몸부림치다 저세상으로 갔습니다. 우리 국민들도 억울해하고 있습니다. 나도 억울합니다. 목숨 바쳐온 민주주의가 위기에 처해 있으니 억울하고 분한 것입니다.

우리의 민주주의가 어떻게 만든 민주주의입니까. 1980년 광주에서 얼마나 많은 사람이 죽었습니까. 1987년 6월항쟁을 전후해서 박종철 학생, 이한열 학생을 포함해 민주화 과정에서 얼마나 많은 사람들이 죽었습니까. 그런데 독재정권, 보수정권 50여 년 끝에 국민의 정부, 참여정부가 10년 동안 이제 좀 민주주의를 해보려고 했는데 어느새 되돌아가고 있습니다. 민주주의가 되돌아가고 경제가 양극화로 되돌아가고 남북관계가 위기를 맞고 있습니다. 나는 이것이 꿈같습니다. 정말 꿈같습니다.

이 책에서 노 전 대통령은 "각성하는 시민이어야 산다", "시민이 각성해서 시민이 지도자가 될 정도로 돼야 한다"고 말했습니다. 이것은 내가 말해온 '행동하는 양심'과 같은 것입니다.

우리 모두 행동하는 양심, 각성하는 시민이 됩시다. 그래야 이깁니다. 그래야 위기에 처한 민주주의를 살려낼 수 있습니다.

그 길은 꼭 어렵지만은 않습니다. 자기가 할 수 있는 범위 내에서 행동하면 됩니다. 무엇보다 바르게 투표하면 됩니다. 인터넷 같은 데 글을 올릴 수도 있습니다. 여론조사에서 민주주의 안 하는 정부는 지지 못 한다고 할 수도 있습니다. 민주주의가 위기일 때, 그것조차 못 한다면 좋은 나라와 민주국가 이런 말 우리가 할 수 있겠습니까.

국민 여러분,

노무현 대통령은 타고난, 탁월한 정치적 식견과 감각을 가진 우리 헌정사에 보기 드문 지도자였습니다. 노무현 대통령은 어느 대통령보다도 국민을 사랑했고, 가까이했고, 벗이 되고자 했던 대통령입니다.

노무현 대통령은 항상 서민 대중의 삶을 걱정하고 그들이 사람답게 사는 세상을 만드는 것을 유일하게 자신의 소망으로 삼았습니다. 노무현 대통령은 부당한 조사 과정에서 갖은 치욕과 억울함과 거짓과 명예훼손을 당해 결국 국민 앞에 목숨을 던지는 것 외에는 자기의 결백을 밝힐 길이 없다고 해서 돌아가신 것입니다. 우리는 그것을 다 알고 500만이 통곡했습니다.

그분은 보기 드문 쾌남아였습니다. 우리는 우리 시대에 인간적으로나 정치적으로나 노무현 대통령과 같은 훌륭한 지도자를 가졌던 것을 영원히 기억해야겠습니다. 그리고 그분이 바라던 사람답게 사는 세상, 남북이 화해하고 평화적으로 사는 세상, 이런 세상을 위해서 우리가 뜻을 계속 이어가서 끝내 성취하도록 노력해야 할 것입니다. 만일 우리가 그렇게 노력하면 노무현 대통령은 서거했다고 해도 서거한 것이 아닙니다. 반대로 우리가 아무리 500만이 나와서 조문했다고 하더라도 노무현 대통령의 그 한과 억울함을 푸는 노력을 하지 않으면 그분의 죽음은 허망한 것으로 그치게 될 것입니다. 우리 모두 노무현 대통령을 역사에 영원히 살리도록 노력합시다.

민주주의를 사랑하는 여러분,

나는 비록 몸은 건강하지 못하지만 그래도 마지막 날까지, 민주화를 위해 목숨 바친 사람들이 허무하게 생각하지 않도록, 민주주의를 지키기 위해 내가 할 일을 하겠습니다. 여러분들은 연부역강(年富力强)하니 하루도 쉬지 말고 뒷일을 잘해주시길 바랍니다. 나와 노무현 대통령이 자랑할 것이 있다면 어떤 억압에도 굴하지 않고 민주주의, 서민경제, 남북평화를 위해 일했다는 것입니다. 이제 후배 여러분들이 이어서 잘해주길 부탁합니다.

나는 이 책《노무현, 마지막 인터뷰》가 그런 후배 여러분의 정진에 큰 보탬이 될 것이라 믿어 의심치 않습니다.

노무현 전 대통령이 인터뷰하고 오연호 대표 기자가 쓴 이 책을 보니 정치인 노무현은 대통령이 되기 전후에 국민의 정부와 김대중을 공부했다고 합니다. 여러분은 이 책으로 참여정부와 노무현을 공부하십시오. 그래서 민주정부 10년의 가치를 재발견해 계승하고, 극복할 것이 있다면 그 대안을 만들어내서, 결국 민주주의를 위기에서 구하고 더욱 풍요롭게 만들어가길 부탁드립니다. 우리가 깨어 있으면 노무현 전 대통령은 죽어서도 죽지 않습니다.

촛불민심이 승리하는 나라를 위해

# 이제 무엇을 할 것인가

10년이 지나면 강산이 변한다고 했던가.

노무현 대통령을 청와대에서 만나 3일간 '마지막 인터뷰'를 한 것은 2007년 가을이었다. 물론 나는 그때 그 인터뷰가 마지막이 될 줄은 전혀 생각하지 못했다.

노무현 대통령은 2009년 봄 이 세상과 갑자기 작별했다. 우리는 충격에 휩싸였고 그의 모든 것을 재조명하기 시작했다. 이 책은 그와의 영원한 작별이 믿기지 않아 그나마 남아 있는 그 무엇이라도 붙잡아두고 싶은 마음들이 모여 만들어졌다.

그로부터 10년, 세상이 바뀌었다.

노무현은 이런 날이 올 것을 예상했을까? 2017년 대선에서 문재인 대통령이 탄생했다. 참여정부에서 노무현 대통령의 비서실장이었고, 정치적 동지이자 후배였던 그가 재수 끝에 대한민국 제19대 대통령이 되었다. 노무현은 2002년 겨울에 대통령에 당선됐지만 문재인은 2017년 봄에 당선됐다.

겨울에서 봄으로 대통령 선거일을 바꿔낸 것은 바로 깨어 있는 시민의 힘이었다. 박근혜-최순실 게이트에 분노한 수천만 명의 시민들이 스물두 번에 걸쳐 촛불집회를 열었고, 헌법을 유린한 박근혜 대통령을 끝내 탄핵시켰다. 모든 권력은 국민으로부터 나온다는 것을 보여준 깨어 있는 시민들이 대한민국의 정치 지형을 바꿔놓았다. 촛불을든 시민들은 "이게 나라냐"라고 외치며 "적폐청산"을 요구했다.

문재인 대통령은 촛불민심이 승리하는 나라를 만들겠다고 말해왔다. 그것은 "이게 나라냐"라고 분노하는 촛불시민들에게 "이게 나라입니다"라고 보여주는 일이다.

물론 그것은 만만치 않은 일이다. 이명박-박근혜 두 보수정권이 만들어놓은 헬조선을 어떻게 나라다운 나라로 만들어낼 것인가. 대외적난제들이 산적한 상황에서 남북관계를 개선하고, 양극화를 완화하고, 질 좋은 일자리를 늘리고, 저출산-노령화 문제에 제대로 대응하는 일은 하나같이 쉽지 않은 숙제들이다.

개정판《노무현, 마지막 인터뷰》는 문재인 대통령과 나라다운 나라를 만들고 싶은 이들이 다시 한번 정독해볼 만하다. 이 책은 대통령 노무현이 5년 임기의 마지막 해 가을에 기자 오연호와 나눈 심층 대화를 기록한 대담집이다. 취임 초기 나라다운 나라를 위해 무엇을 설계했는지, 5년간 어떤 성과를 냈는지, 최선을 다했지만 결실을 거두지 못한 것은 무엇이고 어떤 한계가 있었는지 노 대통령은 솔직하게 고백했다. 그리고 그 한계를 극복할 힘은 어디에서 나올 것인가를 끊임없이 모색했다.

노무현 대통령은 이렇게 말했다. "대통령 혼자 힘으로는 안 된다. 깨어 있는 시민들의 조직된 힘이 있어야 한다. 민주주의 최후의 보루는 깨어 있는 시민들의 조직된 힘이다."

나는 지난 5년간 '깨어 있는 시민들의 조직된 힘'이 어떻게 한 나라를 행복지수 세계 1위로 만들었는지를 덴마크를 통해 배웠다. 덴마크는 '나라다운 나라'였다. 그곳에 사는 덴마크인들은 대부분 "우리는 행복하다"라고 당당히 말했다.

덴마크의 역사를 되돌아보니 덴마크 행복사회의 비밀은 시민의 힘과 정부의 힘이 환상적으로 결합하는 데 있었다. 더 나은 세상을 위해 스스로 주인이 되어 새로운 대안 모델을 만들어가는 시민들이 정부보다 먼저 앞서 있었다. 시민들의 움직임이 차고 넘쳐 풀뿌리 속에서 문화가 될 때 정부가 나서서 그들을 도왔다. 정부는 위에서 아래로 지시하지 않았고 시민들의 공을 가로채지 않았으며 지원하되 개입하지 않았다.

무엇보다도 진정한 개혁은 5개년 캠페인으로 이뤄지는 것이 아니라 오랜 기간에 걸쳐 시민들의 삶 속에 문화로 스며들면서 이뤄지는 것임을 보여주었다. 나는 덴마크 모델을 공부하는 과정에서 노무현 대통령이 왜 그토록 깨어 있는 시민들의 조직된 힘을 강조했는지 다시 한번 되새길 수 있었다.

문재인 정권은 나라다운 나라와 적폐청산을 함께 외쳤던 촛불민심과 문재인 대통령의 공동 정부다. 문재인 대통령을 만든 사람들은 "노무현 대통령은 지켜드리지 못했지만 문재인 대통령은 끝까지 지키겠다"라고 다짐하고 있다. '지키겠다'는 그 말의 참의미는 무엇일까?

문재인 대통령, 문재인 정권의 성공을 바라는 많은 이들이 "이제 나는 무엇을 할 것인가"를 스스로 묻고 있다. 개정판 《노무현, 마지막 인터뷰》가 그 답을 찾는 데 도움이 되길 바란다.

2017년 5월

오연호

바보 노무현에 빚진 나, 그리고 우리에게

# 여섯 명의 노무현을 다시 만나다

1

내가 기자로서 정치인 노무현을 처음 본격 인터뷰한 것은 1991년 10월이었다. 18년 전 그는 45세의 초선 국회의원이었다. 그 첫 인터뷰 이후 나는 여덟 차례 정도 그를 단독 인터뷰했다. 돌이켜보면 그 인터뷰들은 정치인 노무현이 굵은 선택을 할 때마다 이뤄졌다. 특히 대통령 출마를 작심할 때, 대통령에 당선됐을 때, 대통령 퇴임을 앞둘 때 나는 그를 인터뷰하는 행운을 누렸다.

그가 2002년 대선에 출마하겠다고 처음으로 밝힌 것은 2000년 3월 22일 부산 코모도 호텔에서 나와 했던 인터뷰에서였다. 대통령에 당선되고, 2003년 2월 22일 첫 국내 언론 인터뷰를 신생 인터넷 언론

〈오마이뉴스〉와 가졌을 때도 나는 대표 기자로서 그를 인터뷰했다.

정치인 노무현과의 마지막 인터뷰는 2007년 가을 청와대에서 이뤄졌다. 나는 퇴임을 앞둔 대통령에게 〈인물연구 노무현〉을 위해 심층 인터뷰를 하고 싶다는 제안을 했다.

2

퇴임을 앞두고 인기마저 떨어져 있던 그를 반드시 심층 인터뷰해 언젠가 〈인물연구 노무현〉을 완성하고 싶다고 느낀 핵심적인 이유는 다음 두 가지였다.

하나는 우리가 바보 대통령과 함께 만들었던 가치를 재조명하고 싶어서였다. 두 번의 개혁정권을 '잃어버린 10년'으로 규정하는 한나라당으로의 정권 교체 흐름 속에서, 우리가 노무현과 함께 만든 가치들이 무차별적으로 흙탕물 속에 떠내려가고 있는 것을 보면서, 나는 내가 만들어낼 수 있는 작은 삼태기 하나를 그 거센 물살들 어딘가에 대고 무언가를 추려 담고 싶었다. 나는 우리가 그에게 쏟았던 애정이 하룻밤의 축제를 위한 것이 아니었음을 확인하고 싶었다.

또 하나의 이유는 대통령 노무현이 퇴임을 앞두고 예사롭지 않은 변화를 보이고 있음을 감지했기 때문이다. 그는 정치인 노무현에서 정치학자 노무현, 민주주의 연구가 노무현, 사상가 노무현으로 변해가고 있었다. 진보 진영으로부터 신자유주의자라는 비난을 적잖게 받아왔던 그는 퇴임 전 진보의 미래에 대해 공부하고 있었다. 그의 화두는 각성하는 시민이었다. 그들이 만들어내는 시민권력이었다. 그동안 그의 정치 역정의 큰 전환점마다 인터뷰를 했던 나는 퇴임 직전의 이 예사롭지 않은 변화의 이유를 꼭 파헤치고 싶었다. 왜 그렇게 열심히 공부하고 계십니까?

그래서 나는 2007년 가을, 퇴임을 6개월여 앞둔 대통령 노무현을 청와대에서 3일간 만났다. 9월 2일, 9월 16일, 10월 20일, 한 번에 네다섯 시간씩, 때론 점심을 함께하면서.

나는 그 3일간의 대화에서 여섯 명의 노무현을 만났다. 바보 노무현, 정치인 노무현, 대통령 노무현, 정치학자 노무현, 사상가 노무현, 인간 노무현.


3

나는 그 인터뷰가 정치인 노무현, 인간 노무현과의 마지막 인터뷰가 될 줄은 몰랐다. 그가 퇴임하고 봉하마을로 내려갔을 때, 많은 관광객들이 그를 찾고 있다는 소식을 접했을 때, 그가 봉하마을 홈페이지 〈사람 사는 세상〉과 〈민주주의 2.0〉 사이트를 통해 몇 개의 토론 글을 올릴 때, 검찰 수사를 받고 있을 때, 나는 그를 다시 한 번 만나고 싶다는 생각을 가졌으나 마음뿐이었다.

나중에 파악해보니 노무현 전 대통령은 봉하마을에 내려간 이후 언론과의 본격 인터뷰를 하지 않았다. 2007년 가을 〈인물연구 노무현〉을 위한 3일간의 인터뷰 이후 한두 방송사의 다큐프로그램에 등장하긴 했지만, 정치학자들과의 대담이 있었지만, 언론과의 본격 인터뷰는 없었다. 2007년 가을에 했던 그 인터뷰는 정치인 노무현이 언론과 가진 마지막 심층 인터뷰였던 셈이다.

나는 그 인터뷰 직후인 2007년 10월 8일부터 22일까지 6회에 걸쳐 200매 분량으로 〈오연호 리포트-인물연구 노무현〉을 〈오마이뉴스〉에 연재했다. 더 쓰고 싶었지만 당시의 사정도 있었고, 전직 대통령의 말이 정치적 쟁점으로부터 자유로워질 수 있는 적절한 시점에 재개할 작정이었다.

그런데 노무현 전 대통령은 자살이라는 충격적인 선택으로 생을 정리했다. 그래서 나는 2009년 5월 26일부터 다시 〈오마이뉴스〉에 〈인물연구 노무현〉을 이어갔다. 이 단행본은 그 연재를 기본으로 하고, 새 글을 보태고, 재구성하여 만들어진 것이다. 나는 이 책을 쓰면서 나의 해설보다 최대한 노무현의 말을 통해 〈인물연구 노무현〉을 해보려고 했다. 3일간의 심층 대화, 그의 육성을 직접 독자들에게 들려줌으로써 그의 대통령 임기뿐 아니라 그 전후의 노무현을 독자들이 이해할 수 있게 노력했다.

4

나는 이 책을 세상에 내놓기 위해 2007년 가을 그가 3일간 쏟아낸 육성을 담은 녹음테이프를 듣고 또 들었다. 이미 저세상으로 떠난 그의 생생한 목소리를 녹음테이프로 다시 듣는 것은 쉽지 않은 작업이었다. 그런데 이상한 일이었다. 당시에는 대수롭지 않게 여겨졌던 그의 말들이 여섯 명의 노무현으로 다시 살아나 내 가슴을 찔러댔다. 그가 "2002년 대선의 승리는 우연입니다"라고 했을 때, "지금 민주주의가 위기입니다"라고 했을 때, 나는 그것을 무겁게 받아들이지 않았는데 2년 후 그가 없는 지금은 무릎을 몇 번씩 치곤 한다. 나는 독자 여러분이 이 책에서 내가 만났던 여섯 명의 노무현을 다시 만나길 기대한다.

1장은 그토록 자신을 사랑했던, 그래서 세상에 분노했던 노무현 전 대통령이 왜 스스로 목숨을 끊었는지, 누가 그를 죽음에 이르게 했는지, 그는 죽어서 우리에게 무엇을 남기고 있는지를 분석하고 있다.

2장은 '노무현은 왜?'에 답하고 있다. 그를 대통령에 당선시킨 개혁 성향의 젊은이와 누리꾼은 그에 대해 애증을 함께 가지고 있었다. 그래서 그들은 대통령에게 물었다. 왜 그 정도밖에 못하십니까? 이 장은 그의 지지자들이 왜 애(愛)와 함께 증(憎)을 가지고 있는지, 그런 계기가 된 사안들에 대해 노 대통령 스스로는 어떻게 분석하고 있는지를 담고 있다.

3장은 정치학자 노무현, 대통령학 학자 노무현이 들려주는 정치학 강의다. 나는 그와의 인터뷰에서 때때로 조용하게 그의 강의만 듣고 있는 수강생이 되었다. 그는 퇴임 후 정치학 교과서를 만들고 정치학 강의를 해보고 싶다고 했다. 그는 자신이 왜 정치를 시작하게 되었고, 왜 대통령이 되고자 했는지, 왜 보수언론과 맞섰는지, 정치인이 갖춰야 할 기본과 지켜야 할 원칙은 무엇인지를 설파했다. 그리고 이라크 파병, 한미 FTA, 남북정상회담, 후계자 문제 등의 사례에서 얻은 풍부한 경험을 바탕으로 대통령론, 지도자론을 강의했다.

4장에서는 사상가 노무현, 민주주의 연구가 노무현을 만나게 된다. 퇴임 전 공부를 열심히 하고 있던 대통령의 관심은 현실정치의 저 너머에 있는 역사, 철학의 영역까지 닿아 있었다. 역사란 무엇인가, 권력이란 무엇인가, 민주주의란 무엇인가, 시민은 누구인가, 민심이란 무엇인가, 먹고산다는 것은 무엇인가. 최종적으로 그는 제대로 먹고 살기 위해 서로 다른 길을 제시하고 있는 보수와 진보를 연구했다. 그는 참여정부의 노선을 '합리적 진보'라 부르며 그것의 성과와 한계를 재조명했다. 그리고 진보의 미래를 설계했다.

## 5

나는 그동안 해온 〈인물연구 노무현〉을 한 권의 책으로 내는 것에 대해 적지 않게 망설였다. 무엇보다 고인이 된 분에 대해 글을 쓴다는 것이 어렵게 느껴졌다. 생전의 노무현 대통령은 내가 연재하던 〈인물연구 노무현〉을 보고, 직접 편지를 보내 특정 대목에 대한 반론을 펼치기도 했다. 내겐 부담스러운 일이었지만 독자들에겐 균형적인 시각을 갖게 해줬다. 이제 저세상으로 가셨으니 그럴 일도 없을 것이다. 그래서 더욱 그분이 말씀하신 본질을 내가 제대로 옮기고 있나 걱정이 됐다.

그런 망설임에도 불구하고 부족한 글을 한 권의 책으로 내놓기로 결심한 것은 순전히 인터넷 공간에서 연재된 〈인물연구 노무현〉에 대한 독자들의 성원이 있었기 때문이다. 한 기사를 107만 명이 읽었는가 하면, "그분의 가치를 새롭게 발견했다", "잃어버린 노무현 대통령을 다시 만나게 됐다"는 댓글이 숱하게 달렸다. 그들 중에는 "꼭 책으로 내달라", "노무현 공부의 교과서로 쓰겠다"는 바람을 전하는 이들이 적지 않았다. 그들의 성원이 없었다면 이 책의 탄생은 없었을 것이라고 나는 단언한다.

독자와 바보 노무현의 이 뒤늦은 소통은 2007년 가을의 특별한 인터뷰 때문에 가능했다. 그 인터뷰가 성사될 수 있도록, 알차게 진행될 수 있도록 결정적으로 도와준 양정철 홍보기획 비서관을 비롯해 윤태영 전 대변인, 김종민 국정홍보 비서관, 김경수 연설기획 비서관 등 당시의 청와대 비서들에게 감사드린다. 그들이 이런 '예외적 인터뷰'에 대한 위험 부담을 큰마음으로 떠안지 않았다면 지금 독자들이 노무현 전 대통령을 제대로 공부할 기회는 오지 않았을 것이다.

끝으로 이 책이 독자들에게 전달되기까지 함께 수고하고 도와준 모든 분들에게 고마움을 전하며, 이 책을 통해 혹여 상처받을 사람들까지도 다 껴안아주실 하나님께 감사드린다.

2009년 6월

오연호

차례

1장

# 바보 노무현을 보내다

1장 · 바보 노무현을 보내다

# 바보 노무현은 어디로 갔나요

혹시 날 기억하나요? 바보 노무현을 마지막으로 떠나보내던 날, 우리는 시청역 근처에서 만났지요. 신희망 씨. 스무 살, 대학 1학년생이라고 했죠?

희망 씨에게 다가가 말을 붙이기 전까지 나는 당신의 모습을 몇 분간 바라보고 있었습니다. 희망 씨는 노란 풍선을 힘껏 불고 있었죠. '내 마음속의 대통령'이라는 글자와 노무현 전 대통령의 얼굴이 그려진 풍선이었습니다. 나는 젊은 대학생이 그곳에 무엇을 불어넣고 있는지 궁금했습니다. 슬픔일까 분노일까 희망일까. 그런데 이렇게 적혀 있었습니다.

당신의 죽음이 헛되지 않도록 진정한 민주주의를 위해 열심히 공부하고, 지키기 위해 노력하겠습니다. —스무 살 대한민국 희망

나는 카메라를 꺼내 노란 풍선과 함께 당신을 담았습니다.

희망 씨, 나는 직업기자입니다. 바보 노무현을 보내는 날, 집을 나서면서 다짐했습니다. 오늘 하루만은 기자가 되지 말자. 누군가에게 묻지도 말고 기록하지도 말자. 지난 20여 년간 여덟 번에 걸쳐 얼굴을 맞대고 인터뷰했던 정치인 노무현이 영원히 떠나는 날, 오늘은 한 명의 추모객이 되자.

그렇게 다짐했건만 희망 씨 때문에 그 다짐을 깨고 말았습니다. 나는 〈오마이뉴스〉 기자임을 밝히고 당신의 이름과 나이를 물었습니다. 노란 풍선에 적힌 당신의 글이 마음에 다가왔기 때문입니다. '스무 살 대한민국 희망'이라는 이름이 예사롭지 않았기 때문입니다.

신희망 씨. 신용선이라고 본인의 이름을 밝혔지만, 나는 이 글에서 당신이 풍선에 적은 이름으로 부르고 싶습니다. 만약 생전의 노무현 전 대통령이 희망 씨가 노란 풍선에 그런 글귀를 적고 있는 모습을 보았다면 어땠을까요? 아마도 이렇게 말하지 않았을까요.

'희망 씨, 나와 민주주의에 대해 토론 좀 해봅시다. 나는 요즘 각성하는 시민을 그리워하고 있습니다. 깨어 있는 시민이 조직되면 대통령보다 더 큰 힘을 가질 수 있습니다.'

희망 씨, 내가 '각성하는 시민'을 그리워하는 노무현 대통령을 인터뷰한 날은 2007년 9월 2일이었습니다. 그러니까 대통령이 임기를 6개월 남겨둔 때였습니다. 임기 말이긴 해도 현직 대통령인데 참 이상했습니다. 대한민국 권력 일인자가 '각성하는 시민이 왜 중요한가'를 거듭 말씀했기 때문입니다.

"정치권력은 만능이 아닙니다. 최고 정점도 아닙니다. 진짜 권력은 따로 있습니다. 그것은 시민권력입니다. 각성하는 시민들이 만들어가는 시민권력입니다."

퇴임을 앞둔 노무현 대통령은 공부를 열심히 하고 있었습니다. 과목 이름을 붙여준다면 〈민주주의론〉 정도 되겠습니다. 그는 그 공부를 바탕으로 "퇴임하고 나서 언젠가는 정치학 교과서를 하나 쓰고 싶다"고 했습니다.

노무현의 민주주의론은 주로 권력과 시민의 관계에 대한 것이었습니다. 그것을 그의 표현으로 정리하면 한마디로 이렇습니다.

'권력은 위임하되 지배는 거부한다.'

무슨 뜻일까요? 제대로 뽑고 제대로 감시하자는 것입니다. 권력을 위임하기 위해 선거를 할 때도 시민들의 각성이 필요하고, 그렇게 해서 선출된 권력이 시민들과 민주적 소통을 하지 않고 '지배'를 시도할 때 그것을 거부하기 위해서도 시민들의 각성이 필요하다는 말이었습니다. 그는 지배를 거부하는 방법으로 정치권력을 비판할 수도 있지만 직접 정치권력에 참여하거나 정치권력 자체를 장악하는 것까지 포함한다고 했습니다. 단, 전제를 분명히 달았습니다. 혁명이 아닌 선거, 투표로 해야 한다고 말입니다.

지금 대통령을 하고 계시는 분이 그런 말씀을 하시니 조금은 느닷없어 보이기도 합니다. 민주주의를 발전시킬 방법은 시민 참여밖에 없다, 그렇게 생각하시는 겁니까?

"그렇습니다."

왜 그렇습니까?

"국가와 역사의 방향을 끌고 가는 것은 결국 시민들의 투표로 뽑힌 지도자가 결정합니다. 시민들의 투표로 지도자가 결정되는 것이지 지도자가 스스로 투표하진 않습니다. 결국 시민들이 투표를 어떻게 하느냐가 중요합니다. 그래서 시민들의 각성, 이것이 궁극적으로 답일 수밖에 없습니다."

시민의 각성. 노 대통령은 그것이 있기 때문에 "어떤 정치가든 시민을 일시적으로 속일 수는 있으나 영원히 속일 수는 없다"고 했습니다.

"시민들이 각성하면 정치권력과 경제권력의 관계를 정확하게 꿰뚫어 볼 수 있습니다. 언론권력에 대해서도 마찬가지죠. 소비자의 선택을 통해서 올바른 언론을 만들어 나갈 가능성이 있다고 나는 믿습니다."

노 대통령은 "믿습니다"에 힘을 주었습니다. 그리고 이렇게 말을 이었습니다.

"그 가능성이 없다고 하면 내겐 아무 길이…… 아무 희망이 없습니다. 다른 길이 없기 때문에 나는 그것을 굳게 믿고, 그래서 시민 참여, 시민운동을 연구하고 있는 겁니다."

희망 씨, 정말 이상한 대통령이죠? 현직 대통령이 '각성하는 시민을 믿는다. 그 믿음이 없으면 내겐 아무 희망이 없다'고 강조하는 것이.

"지금까지 시민운동은 권력을 제어하는, 권력의 불법이나 권력의 남용을 제어하는 데 집중되어 있었죠. 이제는 대안까지 함께 만들어야 합니다. 말하자면 그야말로 주권자로서, 권력의 주체 세력으로서 시민을 양성해나가야 하는 거죠."

대통령 노무현은 달랐습니다. 그는 대한민국 대통령을 모든 권력의 일인자가 아니라 정치권력의 일인자일 뿐이라고 보고 있었습니다.

희망 씨, 대한민국에는 정치권력 못지않은 경제권력이 있습니다. 언론권력도 있습니다. 노무현 대통령은 체험을 통해 말하고 있었습니다. 정치권력만 바꿔서는 안 된다. 경제권력과 언론권력도 바꿔야 한다, 그러려면 모든 권력을 견제하고 감시할 진짜 실세인 시민이 바뀌어야 한다고 보고 있었습니다.

그의 유언에 따라 봉하마을에 세워진 '작은 비석'에서 그는 이렇게 말하고 있습니다.

"민주주의 최후의 보루는 깨어 있는 시민의 조직된 힘입니다."

희망 씨, 그날 참으로 많은 사람들이 모였지요? 오후 1시, 영결식을 마친 바보 노무현이 경복궁에서 노란 풍선이 물결치는 세종로를 지나 서울광장으로 이동했습니다. 수십만 명의 추모 인파 때문에 운구차의 행렬은 더디고 더뎠습니다.

희망 씨, 당신은 그날 그곳에 모인 이들의 눈빛에서 무엇을 읽었나요? '각성하는 시민'을 만나고 싶어 했던 정치인 노무현이 만약 그 수십만 추모 인파를 보고 즉석 연설을 한다면 무엇을 말했을까요?

2007년 가을 청와대에서 인터뷰를 할 때 나는 이렇게 여쭤봤습니다.

그렇다면 퇴임 후에도 노사모(노무현을 사랑하는 사람들의 모임)를 함께하든 다른 조직을 만들든 시민운동 비슷한 것을 계속하시겠네요?

"예. 어떻든 후원은 할 생각입니다. 직접 나서는 게 흉하다고 사람들이 '하지 말라'고 하면 못할 수도 있으니까 적어도 그 부분에 대해서 막강한 후원자가 될 생각은 가지고 있습니다."

노 대통령은 '새로운 시민사회를 조직'해보고자 했습니다.

"지금부터 이제 내가 하려고 하는 것은 시민사회를 재조직해보자. 지난날 노사모라는 것이 역사의 새로운 경험이었는데, 그것을 다시 되살려서 새로운 시민사회를 한번 조직해보자."

그는 구체적인 방법까지 생각하고 있었습니다. 노 대통령은 특히 신흥경제 세력과 전략적 연대를 구상하고 있었습니다.

"지금 시장경제의 경쟁에서 성공한 사람들이 있거든요. 뒷거래 시대에 성공한 사람들이 아니라, 관치경제 시대에 성공한 사람들이 아니라, 시장경제에서 성공한 새로운 시장의 주류들이 있습니다. 그 사람들과 더불어서 새롭게, 어떤 새로운 세력을 한번 묶어보려는 모색도 하고 있습니다."

그는 종부세 내는 것을 기꺼이 찬성하는 양심적 경제인이 의외로 많다고 했습니다.

"영국의 신사 계급이 영국의 민주주의 발전에 상당히 큰 역할을 했던 것처럼 (우리나라에서 성공한 경제인 중에는) 관용의 정신과 타협을 아는 사람들이 있습니다. 그들을 내가 만났을 때 '종부세 냅니까?' 하고 물으면 '아, 내죠. 낼 건 내야죠' 뭐 이렇게 말하는 사람들이 굉장히 많아요."

대통령 노무현은 그들과 의미 있는 연대를 하기 위해 열심히 공부하고 있었습니다.

"여기에 이제 필요한 것이 우선 정치학이죠. 제대로 된 정치 전략을 만들기 위해 정치 메커니즘의 이상과 현실에 관한 올바른 이해가 필요합니다. 그다음에 민주주의와 지도자론에 대한 올바른 이해, 이런 것들이 우리한테 필요한 지식이죠."

그는 "정치권력은 기본적으로 정보와 공권력, 그리고 돈에 의해 만들어진다"고 했습니다.

"그런데 민주주의가 발달하고 정보화 사회가 되면서 시민사회도 정보를 공유할 수 있고, 대항매체를 만들 수 있기 때문에 시민들이 권력을 만드는 데 참여할 수 있는 것입니다."

대통령은 "아무리 좋은 제도라 할지라도 시민들이 제대로 참여하지 않으면 무용지물"이라고 했습니다.

"아무리 좋은 자동차를 만들어도 운전을 어떻게 하느냐에 따라 그것이 흉기가 될 수 있습니다. 그렇듯이 어떤 국가적 시스템을 만들어도 그것을 운용하는 공무원들이 민주화되지 않으면 아무리 좋은 민주주의 선거제도나 정당제도를 만들어도 그것에 참여하는 시민들이 제대로 하지 않으면 안 되는 거지요. 그래서 이걸 제대로 하게 하는 일이 지금부터의 과제입니다."

대통령의 결론은 이랬습니다.

"결국 민주주의는 시민들의 행동 속에 있어요. 궁극적으로 거기 있지, 다른 메커니즘으로는 우리가 도저히 이길 수 없어요."

그는 분명 '우리'라고 했습니다. 현직 대통령인데도 그 스스로 시민과 함께 '우리'가 되어 그 무엇에 대항해야 한다고 보고 있었습니다.

희망 씨, 바보 노무현은 그런 대통령이었습니다. 바보 노무현을 보내는 날, 노제를 마치고 운구차가 서울광장을 빠져나갈 때 시인 도종환 씨의 선창으로 시민들은 합창했습니다.

"노무현 대통령님, 사랑합니다."

"노무현 대통령님, 우리는 당신을 영원히 기억할 것입니다."

희망 씨, 당신의 목소리도 그 합창에 섞여 있었겠지요?

서울광장에 모인 시민들이 '사랑합니다', '기억할 것입니다'라고 외치

면서 그의 마지막 가는 길에 노란 비행기를 던질 때 나는 다시 그날의
인터뷰를 생각했습니다.

지금 말씀하신 구상을 들어보니 퇴임 후에도 굉장히 젊게 사실 것 같습니다.
"그런데 뭐 할 수단이 없지요. 이론상 이렇다는 거지요."

이론을 이렇게 구체적으로 정리하고 계시니 잠잠히 계실 수는 없을 것 같은데요.
"정치인, 보통의 정치인들은 (정치)권력을 정점으로 사고합니다. 그
리고 권력으로 모든 것을 해결하겠다는 사고를 가지고 있죠, 보통의
정치인들은."
대통령 노무현은 "하지만 나는 다르다"라고 했습니다.
"내가 다른 정치인과 다른 점은 권력을 최고 정점으로 생각하지 않
는다는 거죠. 정치권력은 하나의 권력일 뿐이고 하나의 과정일 뿐이
며 진정한 의미에서 권력은 시민들의 머릿속에 있어요. 진정한 의미
에서."

이제 좀 이해할 수 있을 것 같습니다. 왜 임기 말에도 계속 도전하시는지.
"정치권력이 만능이 아닌데 너무 많은 사람들이 정치권력을 최고 정
점으로 생각하고 정치권력 지상주의를 가지고 있어요. 그렇기 때문에
자꾸만 '거기(대통령) 끝나면 그만두어야지' 그러는데 정치권력이 최
종 종점이 아니라는 것이죠."

희망 씨, 의외지요? 정치인 노무현의 최종 목표는 대통령이 아니었던 것입니다. 퇴임을 6개월 남겨둔 그에게는 대통령 자리보다 더 높은 마지막 목표가 있었던 것입니다.

결국 권력을 떠나는 게 아니라 진정한 권력 속으로 다시 들어가는 것이다, 시민사회 속으로?

"예."

대통령은 나를 뚫어지게 쳐다보며 말했습니다. 2007년 9월 2일 다섯 시간에 걸쳐 이뤄진 인터뷰의 마지막 말이었습니다.

"오늘 내가 하고 싶었던 얘기는 이 부분입니다."

희망 씨, 대통령 노무현은 정치권력 일인자에서 퇴임하면서 진정한 권력 속으로, 시민사회 속으로 들어가고 싶어 했습니다. 각성하는 시민 없이는 모든 것이 제대로 될 수 없다고 보았기 때문입니다. 정치권력뿐 아니라 경제권력과 언론권력을 바꾸지 않으면 '사람 사는 세상'을 꿈꾸는 그 누가 대통령이 된다 하더라도 만만치 않다는 것을 5년 동안 체험했기 때문에 시민사회 속에서 진정한 권력을 만드는 데 기여하고 싶었던 것입니다.

그런데 희망 씨, 그땐 몰랐습니다. 그 인터뷰를 할 때는 전혀 예상하지 못했습니다. 퇴임을 앞둔 대통령의 그 꿈이 결국 그의 비극적 최후를 가져올 수도 있다는 사실을.

바보 노무현의 죽음은 직접적으로는 자살이지만 그가 그런 선택을 하도록 내몬 것은 검찰 수사입니다. 하지만 그와 심층 인터뷰를 한 내겐, 그가 더 큰 권력인 시민사회로 들어가겠다는 생각을 체계적으로 하고 있다는 것을 아는 내겐, 검찰 수사 너머에서 벌어지고 있는 거대한 충돌이 보였습니다.

그것은 지금 현재 정치권력을 갖고 있는 자와 정치권력을 내려놓고 시민권력 속으로 들어가고자 하는 자의 한판 싸움이었습니다. 정치권력으로 모든 것을 해결하고자 하는 현직 대통령 이명박과 시민권력 속에서 진정한 의미의 권력을 만들어보고자 했던 전직 대통령 노무현의 싸움이었습니다.

현직 대통령은 시민 속으로 들어가려는 전직 대통령을 용납하지 않았습니다. 퇴임해서도 홈페이지 〈사람 사는 세상〉을 통해 시민과 진한 대화를 나누는 전직 대통령을 용납하지 않았습니다. 시민과 격의 없는 만남을 즐거워했기에 결국은 봉하마을을 관광 명소로 만들어버린 전직 대통령을 그냥 보고 있을 수 없었습니다.

그것은 '현직 대통령 대 전직 대통령 - 시민'의 싸움이었습니다. 장례 기간 내내 시민분향소와 서울광장을 왜 경찰차벽으로 둘러쌌을까요? 죽은 노무현과 살아 있는 시민을 분리하려고 했던 것입니다. 그것은 연장전의 한 장면입니다. 우리 눈에 선명하게 보인 경찰차벽, 그것 이전에 우리가 보지 못했던 긴 물밑싸움이 있었던 것입니다.

희망 씨, 그것은 그렇게 큰 싸움이었습니다. 그래서 다시 묻습니다. 그날 눈물을 흘렸던 사람들, 노란 풍선을 불어 세종로에 매달았던 사람들, 그의 운구차에 노란 종이비행기를 날렸던 사람들, '기억하겠습니다'라고 합창했던 사람들, 그들은 진정 노무현의 꿈을 영원히 기억할 수 있을까요?

희망 씨, 그날 나는 덕수궁 대한문 앞 시민분향소에서 특별한 나무 한 그루를 보았습니다. 시민들이 접은 수백 개의 종이학으로 만들어진 나무. 그 나무는 잎 하나하나가 모두 종이학이었습니다. 그 나무의 이름은 누가 지었는지 모르지만 '희망나무'였습니다.
희망나무 밑에는 편지가 놓여 있었습니다. 8절지 크기의 종이에 적힌 그 편지의 수신자는 바보 노무현.

> 노무현 대통령님,
> 당신이 이루지 못한 꿈은
> 이제는 우리의 몫입니다.
> 당신은 우리 가슴속에
> 천 번 만 번을 접어도 모자랄
> 희망을 뿌려놓고 가셨습니다.
> 당신을 우리 마음속에 영원히 묻겠습니다.

희망 씨, 바보 노무현은 그렇게 떠나고 있었습니다. 그가 그토록 가고자 했던 곳, 그가 진정한 권력이라고 이름 지었던, 현직 대통령보다 더 큰 권력, 시민들의 가슴속으로 떠나고 있었습니다.

# 자신을 사랑하고 세상에 분노하던 이가 왜

2009년 5월 25일 고 노무현 전 대통령을 추모하는 시민분향소가 마련된 덕수궁 대한문 앞. 밤이 깊었지만 국화를 손에 든 시민들은 눈시울을 붉힌 채 분향 차례를 기다리고 있었다. 그 행렬은 덕수궁 돌담길을 휘어 감았다. 길바닥에 누군가 깔아놓은, 수십 미터쯤 되어 보이는 누런 천에는 하늘나라로 가신 전직 대통령에게 보내는 편지들이 빼곡히 적혀 있었다.

편지들을 찬찬히 읽어보았다. 가장 많은 문장 중 하나는 이것이었다.

"노무현 대통령님, 지켜드리지 못해 죄송합니다."

고인이 되어서야 국민과 제대로 통하는가? 노무현 대통령도 임기 말인 2007년 가을 인터뷰에서 "나 때문에 구박받은 지지자들에게 미안하게 생각한다"고 말했다.

인간 노무현은 경남 김해의 봉하마을에서 태어났지만, 정치인 노무현은 '광주의 아들'이다. 5·18 광주민주항쟁(1980년)의 영향을 받아 '운동권 변호사'가 되었고, 2002년 민주당 대통령 후보 경선 때 광주시민이 경남 출신인 그를 선택함으로써 이후 대통령이 될 수 있었다. 그래서였을까. 그는 청와대의 바쁜 일정 가운데서도 광주항쟁을 다룬 영화를 챙겨보았다.

어제 영화 〈화려한 휴가〉를 보셨다면서요.

"예."

우셨다고 하던데요.

"아, 그거 뭐······. 그거 보고 안 우는 사람 없을걸요, 아마. 그런 역사적인 사건을 개인사로 그려놓으니까 참 정말 실감이 나더구먼요. 다운 것 같더라고요. 보니까."

어떤 대목에서 눈물이 나시던가요?

"아이, 그 뭐 시종 목이 메서 못 보겠더라고요. (영화) 마지막에서 (주인공이) 어떤 선택을 해야 하나 고심할 때······ 거기서 죽음으로 자기 마감을 해야 된다는 그것을 납득을 못하더라고요. (영화를 먼저 본 우리) 집사람도, 며느리도."

인간 노무현은 스스로를 사랑했다. 그것도 지독히. 그래서 그의 자살은 충격적이다. 나는 〈인물연구 노무현〉을 준비하면서 당시 논란이 되고 있던, 노 대통령의 참여정부평가포럼(2007년 6월 2일) 연설을 다시 읽었다. 네 시간에 걸친 그 연설 내용에서 인간 노무현을 이해하게 해준 핵심 문장 하나를 고르라면 이것이었다.

"자신을 사랑하면 세상을 사랑하게 되고, 세상을 사랑하면 세상에 대한 분노를 하게 된다."

그래서 이렇게 여쭤봤다.

대통령께선 자신을 사랑하고 계시지요?

"예."

굉장히 자부심이…….

"그렇지요. 자기를 사랑하지 않으면…… 자기를 끊임없이 이겨야 되는 자기와의 싸움을 해낼 수가 없지요. 근데 그게 그래서 사랑하는 건지, 사랑하기 때문에 그렇게 된 건지 모르지만은 극단적인 이기심이라고 말할 수도 있죠. 자기를 사랑한다는 말이 극단적인 이기심일 수도 있고, 또 극단적인 자부심이라고 말할 수도 있고 그렇죠.

그러다 보면 오류를 남기지 않기 위해서 끊임없이 생각해야 하고, 또 이제 그 결과가 틀리지 않기 위해서 절제해야 되고, 또 자기가 생각하는 가치를 실현하기 위해 노력해야 되고 그런 것 같습니다. 결국 중심엔 자기가 있는 거지요.

그런데 자기를 충족하는 것이 개인의 쾌락이나 탐욕을 충족하는 것으로는 충족이 안 되는 것인가 봅니다. 그것으로는 자기만족을 할 수 없으니까 자기 삶의 가치가 뭔지를 자꾸 생각하고, 그러면서 가는 것이 결국은 자기 사랑인 거죠."

자신을 사랑한, 그래서 세상에 분노한, 그래서 임기를 몇 달 앞둔 시기에도 정부 출입기자실을 '개혁'하겠다고 기자들과 집단으로 한판 붙었던 노무현. 그래서 그의 자살은 더욱 충격적이다.

자기가 자기를 사랑하면서도 적절한 선에서 '아이, 타협하자' 하는 순간이 있는 것 같거든요. 저도 그럴 때가 적지 않게 있습니다. 그런데 요즘(2007년 9월) 대통령 노무현의 모습을 보면 임기 말에도 계속 뭔가를 추구하신다는 느낌을 받습니다. 혹시 자기 사랑에 대한 욕심이 다른 사람들보다 훨씬 강하거나 훨씬 지속적이거나 그러신 거 아닌지요?

"글쎄요. (임기 말인데) 안 되는 일을 왜 하냐, 안 될 것 같은 일을 왜 하냐, 좀 피할 땐 피하지 왜 하필이면 그렇게 집착하냐, 이런 것이죠. 그런데 안 되는 일이라는 게 없지요. 어떤 일이라는 것은 일시에 이루어지는 것이 아니고, 언제나 작은 씨앗이 변화를 수용하면서 그 안에 작은 싹을 키우고, 자라고, 그렇게 해서 마지막에 열매가 맺는 것이지요."

노무현의 자기 사랑은 역사에 대한 믿음과 연결되어 있었다.

"열매가 그렇게 맺는 것이기 때문에…… 그 수많은 싹이 다 열매가 되는 것은 아니지만 수많은 싹이 있어야 하나의 열매가 나오는 것이기 때문에 어느 것이 결실이 있는 일인지는 그리 간단하게 생각할 일이 아니다. 내가 지금까지 말하고 안 되는 것 같아 보이는 많은 일들이 다 하나하나 싹을 틔우고…… 말하자면 물을 주고 키우고 꽃을 피우기 위해서 노력할 가치가 있다는 것이죠.

그래서 안 된다고 전제하는 것은 인과관계를 너무 단순하게 보는 것이고, 멀리 보면 결국은 다 그렇게 가게 되어 있는 일 중에 내 몫이 얼마인지 몰라서 노력하는 것이지요. 그래서 안 된다는 것은, 우리가 너무 시야를 짧게, 인과관계를 너무 단순하게 보기 때문에 안 된다는 것이지 진짜 안 되는 건 없다, 하물며 노력할 가치조차 없는 것은 정말 없다, 나는 그렇게 보는 것입니다."

노무현의 자기 사랑은 그를 "역사와의 만남에서 회피하지 않"게 만들었다. 그것은 세상에 대한 분노로 이어졌고, 그래서 그는 승부사가 되었다.

"조금 연기하거나 회피할 수 있는데 왜 하필이면 그 일에 승부를 거느냐, 인생을 거느냐?

요새 언론과의 싸움이 제일 큰 것입니다. 근데 그것이 좀 뒤에 할 일이면 미루겠지만 그렇게 할 수가 없어요. 하필이면 역사적인, 역사의 변화 과정에서 내 자리가, 내 위치가 거기에 부닥쳐버렸다는 것입니다. 그야말로 많은 우연과 역사적 필연이 있는 가운데, 내가 대통령이 된 이 시점에 와서 딱 그게 걸려버린 것입니다. 말하자면 (그 문제와) 마주쳐버린 것이죠.

그러니까 이것은 역사적 인연이기 때문에 피할 수 없다는 것이죠. 역사적 인연이 아니면 뭐 피해버리면 되는데 말이죠. 근데 한국 민주주의 발전사에서, 언론에 있어서의 어떤 변화, 이것은 역사적 필연이기 때문에 거기에 내가 인연을 맺어 (웃음) 말하자면 역사적 조우를 하게 된 것이죠.

물론 이것이 어느 정도 성과를 거둘 것인지는 모르고, 또 더 좋은 방법이 얼마든지 있겠지만, 내가 이 언론과 부닥쳐왔던 역사적 인연의 고리로 봐서는 이 길밖에 없기 때문에, 여기서 부닥쳐 그것을 회피하지 못하는, 피하지 못하는 것이죠."


노무현 대통령의 임기 말은 김영삼, 김대중 두 전직 대통령과 달랐다. 그들은 아들 비리가 드러나면서 임기 말을 시름시름 보냈다. 그러나 노무현 대통령은 그의 표현대로 '짱짱하게' 임기 말을 보내고 있었다.


그 '짱짱한 임기 말'의 힘은 어디에서 나오는 것입니까?

"우선…… 이거는 좀 조심스러운 이야기인데, 내가 행운아라고 봐야겠죠. 역사의 과정에서 (정치인이) 친일을 한다든지, 독재를 한다든지, 분열정치를 초래했다든지 할 수 있습니다. 그런데 나는 그런 것이 없습니다. 한국 정치의 문화와 전통에 누를 끼친 적이 없습니다. 나는 적어도 정치인이 지켜야 할 도덕적 명분에 관해서는 철저히 한 치의 오류 없이 지금까지 오고 있습니다. 그 점에서는 자신이 있습니다.

두 번째는 정권 방어와 자기 방어에 성공한 것이죠. 김대중 대통령은 큰 업적을 가지고 있지만, 임기 말에 성을 방어하고 있는데 (아들 문제로) 북문이 뚫려버린 거죠. 그래서 언론에 짓밟혀버렸거든요. 그래서 뭐 견뎌나갈 수가 없었죠. 그런 것이 그분 개인의 역량 문제라기보다는 시대 풍토가 방심할 수밖에 없는, 말하자면 그동안의 우리 문화가 '뭐 그런 정도는' 하는 분위기가 있었기 때문에 그걸 방어할 수가 없었던 거죠.

나는 이제 그 앞의 분들이 다 그렇게 해서 무너지는 모습을 봤기 때문에 그 부분에 있어 방어할 준비가, 결정적 약점에 대해서 방어할 준비가 되어 있었던 것이죠.

그리고 주변 상황도, 또 참모들의 자세도 많이 달라졌고요. 그 환경적인 차이 때문에, 말하자면 마지막 방어선이 뚫리질 않은 거죠. 그래서 그 두 가지 점에선 뭐 분명히 나도 자신 있게 마지막까지 밀고 갈 수 있고, 그 이후에도 내가 어떤 선택을 하든 좀 자유로운 선택을 할 수 있다, 이렇게 생각하죠."

대통령 노무현은 임기 말까지 자신감에 넘쳐 있었다. 그는 퇴임을 6개월 앞둔 그 시점까지 정치적으로나 개인적으로나 스스로를 '성공한 대통령'으로 여기고 있었고, 그 자신감을 바탕으로 아직 전의에 불타고 있었다. 그는 특히 보수언론과의 싸움에서 자신감을 나타내면서

"나는 송장이 돼서 안 나가고 걸어서 나가겠다"고 했다.

"까놓고 이야기해서 대한민국에서 '정치인' 하면 김대중, 김영삼 두 분 아닙니까? 언론을 다루는 데도 두 사람이 달인 아닙니까? 그런데 그 두 분은 (임기 말에 언론에) 맞아 죽었다 할 만큼 당했고, 나는 살아 남았으니까 내가 잘한 거 아닙니까?(웃음) 나는 그분들 스스로에게 큰 잘못이 있다고 보진 않지만 방어를 못했거든요. 방어를 못해서 (임기 말에 정치적으로) 타살당한 것이거든요. 나는 방어를 하고 있지 않습니까? 이만큼이라도 해야 나갈 때 걸어 나갈 거 아닙니까, 기어 나가지 않고. 나는 송장이 돼서 안 나가고 걸어서 나갈 거거든요."

그러나 '송장이 되지 않고' 청와대에서 나온 그의 시련은 퇴임 후에 본격적으로 찾아왔다. 그는 이명박 정권과 보수언론의 공격에, 그의 표현대로라면 서서히 '골병이 들어갔고' '북문이 뚫리고' 결국 '방어를 못해서 타살당한' 것이다. 봉하마을 부엉이바위에서 투신자살하는 방식으로.

이날의 인터뷰에서도 참모나 가족과 관련한 비리가 향후 드러날 가능성에 대한 질문이 있었다.

지금이 2007년 9월이고, 임기를 마치려면 2008년 2월 말인데, 적어도 YS, DJ 정권 때처럼 참모의 비리 문제라든가 가족 문제 등으로 정권이나 대통령 개인이 흔들리는 그런 일은 없을 것 같습니까, 앞으로도?

"지금 뭐 그……."

요즘 신문에 하도 (청와대 비서관 연루 의혹 등이) 나와서…….

"(비서관) 정윤재 씨 문제가 하나 있는데, 나는 낙관하고 있습니다. 그 냥 나도 100퍼센트 장담이야 못하지만. 사람 일이니까."

노무현 대통령은 그렇게 낙관하고 있었다. 하지만 그는 인터뷰 중에 이런 말을 했다.

"대통령은 전능이 아닙니다."

정치인 노무현은 자기를 너무나 사랑했고, 그래서 세상을 사랑했고, 세상에 분노했다. 그랬던 만큼 평가에 민감했다. 자기가 하고 있는 일 의 가치에 대한 평가에.

"정치인의 소망은 자기의 가치를 최대한 실현하는 것이죠. 거기에 대 해서 평가를 받고 싶어 합니다. 좋은 평가를 받고 싶어 하는 것이 정 치인의 소망이죠. 평가로부터 자유로울 수 없는 거죠. 지금도 좋은 평 가를 받고 싶고, 후대의 역사적 평가도 잘 받고 싶은 것이죠."

그는 덧붙였다.

"그런데 그 두 개의 평가가 서로 일치하지 않는 경우가 아주 많이 발 생하죠. 그럴 때 결국 어느 것을 선택하느냐, 사람(정치인)은 결국 역 사의 평가를 선택하게 됩니다."


퇴임 직전까지 자신에 대해 역사 앞에 떳떳했던 16대 대통령 노무현. 현재의 평가가 녹록하지 않음을 잘 알고, 지지자들에게 "나 때문에 구박받아 미안하다"라고 말하던, 그러면서도 "나는 나를 사랑한다"

라고 자부심에 충만해 있던 정치인 노무현.

그랬던 그가 보수야당에게 정권을 내주고 청와대를 떠난 지 1년 3개월 만에 자신의 고향에서 스스로 목숨을 끊었다.

왜? 그토록 자신을 사랑했던 이가 왜?

현재의 평가에서 '타살'당해도, 그가 더 중요시한 역사의 평가가 남아 있는데 왜?

전직 대통령 노무현은 검찰 수사에서 나온 혐의들을 보면서 역사가 해줄 평가에서마저 자신을 잃어버렸던 것일까. 아니면 역사로부터 제대로 된 평가를 받기 위해 기다려야 하는 긴 세월이 너무 고통스럽게 느껴졌던 것일까.

유서에는 이렇게 적혀 있다.

> 나로 말미암아 여러 사람이 받은 고통이 너무 크다.
>
> 앞으로 받을 고통도 헤아릴 수가 없다.
>
> 여생도 남에게 짐이 될 일밖에 없다.

인간 노무현은 자신이 받는 고통보다 자신에 의해 받게 될 여러 사람의 고통을 참을 수 없었다. 그런 점에서 그는 마지막까지 자유인이 되지 못했다. 정치인이었다. 마지막까지 승부사였다. 이명박 대통령과 검찰과 보수언론에게 온몸으로 이렇게 말하지 않았을까?

'이제 그만, 나로 끝내라.'

그래서 그는 어린 시절의 추억이 담긴, 고시 공부하면서 꿈을 키웠던 토굴 근처에 있는 부엉이바위에서 몸을 던졌다. 45미터 낭떠러지 아래로.

역사 속으로.

2장 · 대통령 노무현은 왜?

# 나 때문에 힘들었지요?

청와대 관저는 권력 일인자의 거처다웠다. 밥풀이 떨어지면 다시 주워 먹어도 될 만한 비단 같은 잔디마당이 있는, 그 넓고 높고 격조 있는 대통령의 집에서 인간 노무현을 마주하고 앉으니 옛날 일들이 떠올랐다. 부산의 승용차 안에서, 여의도의 한 포장마차에서 그를 인터뷰하던 시절들이.

무엇을 먼저 물을까? 청와대 정문을 통과해 관저로 향하면서 첫 질문을 생각할 때 나는 그들을 떠올렸다. 황효식 씨, 권희종 씨, 딸기 아빠……. 그들이라면 지금의 노무현 대통령에게 무엇을 가장 먼저 물을까?

그들은 정치인 노무현이 대통령이 되기 전, 아니 대통령 후보가 되기

한참 전부터 노무현의 가치를 알아본 누리꾼들이다. 2000년 3월에 노무현이 "차기 대통령 선거에 나가겠다"는 대권 도전 인터뷰를 나와 했을 때, 그 기사에 노무현의 가치를 평가하는 댓글을 달았던 이들이다. 노사모가 탄생(2000년 6월)하기 몇 달 전이니 그들은 가장 최초의 '예비 대통령 노무현' 지지 누리꾼들이라 할 만하다.

그들의 댓글을 보면 마치 노무현의 앞길을 예상한 것 같은 표현이 담겨 있다. 딸기 아빠는 "노 의원의 외로운 길옆에는 작은 풀포기와 이름 없는 들꽃들이 활짝 피어 있다"면서 "외로워 말고 주위를 둘러보세요"라고 대통령을 향한 길을 격려했다.

황효식 씨는 상처와 분노에 대처하는 방식을 조언했다.

> 상처받더라도 절대 포기하지 마시고 분노하더라도 절대 증오하지 않으며 대의를 향하여 전진하시기를 바랍니다. 만약 당신에 대한 국민들의 기대를 불순한 방법으로 이용한다면 그만큼 정치는 더 더러워질 것입니다. 역사 앞에 민족 앞에 책임지는 정치인이 되시기를 바랍니다.

권희종 씨는 "한국 정치의 가장 큰 현안은 지역구도를 깨는 것"이라면서 노무현 대통령 시대가 온다면 의미가 크다고 했다. 그러나 "하나 덧붙일 것은……"이라면서 물음표를 남겼다.

> 하나 덧붙일 것은 정치인들이 세계 경제가 어떻게 돌아가는지에 대한

통찰이 필요하다는 것입니다. 그래야 혼란스러운 상황에서 일관적이라는 느낌을 유지할 수 있을 것입니다. 경제정책은 당파적 이념으로서는 생존하기 어렵게 돼 있습니다. 현실과 이상을 조화시켜서 문제를 해결해내야만 하기 때문입니다. 노무현 씨의 국제적 안목은 어떠한지 궁금합니다.


대단하다. 2000년에 벌써 '노무현에게 다가올 FTA'를 예상하고 있었던 것일까?

최초의, 때문에 어쩌면 가장 순수한 노무현 지지자들의 기록은 우리에게 말하고 있다. 정치인 노무현에게 감동과 희망을 걸었던 것은 하룻밤의 축제를 위한 것이 아니었음을. 누구를 내세우면 대통령에 당선될 수 있을까라는 정치공학적 셈법이 아니었음을.

그들이 만들고 싶었던 것은 있다가 사라질 '대통령 노무현'이 아니었다. 역사와 민족 앞에 부끄럼 없는 나라, 현실과 이상의 조화가 이뤄지는 사회를 만들고 싶었던 것이다. 대통령 노무현은 그 도구였다.

나는 청와대로 노 대통령을 만나러 가면서 그 최초 지지자들의 댓글을 다시 읽으며 혼자 중얼거렸다. 노무현 대통령의 시대가 저물어간다고, 그의 임기 중 지지도가 낮았으니 '그들의 축제는 끝났다'고 그 누가 함부로 이야기할 수 있을까.

그렇지만 노무현 대통령의 지지도가 낮아지면 그것이 자신의 책임인 양 괜히 주눅 드는 사람들이 많았다. 아마도 최초 지지자들 역시 그러

© 오마이뉴스 이종호

지 않았을까? 나는 2007년 9월 2일 청와대에서 노 대통령과 처음 마주 앉았을 때 첫 질문을 이렇게 던졌다. 그 최초 노무현 지지 누리꾼들을 대신하여.

2002년 시점으로 거슬러 올라가면 저도 '노무현의 가치'를 지지하는 사람 중 하나였는데요. 대통령께서 생각하실 때, 제가 요즘 다른 사람들한테 노무현 대통령을 좋아한다고 당당하게 말할 것 같습니까, 아니면 좀 쭈뼛쭈뼛할 것 같습니까?

"누굴 만나느냐에 따라 좀 다르겠지만…… 내가 고향 사람들이나 동창을 가끔 청와대에 초청해서 만날 때 제일 처음 하는 인사가 '나 때문에 힘들었지요?'입니다. 내가 (지지자들에게) 제일 미안한 게 그 점입니다. 나하고 친하다는 이유로, 또 옛날에 나를 지지했다는 이유로 지금 여러분이 이 자리 저 자리에서 구박받을 것이고, 또 대통령인 내가 구박당하는 것을 보고 마음 상해할 것이고…… 그 점이 제일 힘듭니다. 아주 미안하게 생각합니다."

그러면서 노 대통령은 중학교 동창생 이야기를 들려줬다.

"조그마한 가게를 하는 그 동창생을 여기 초청했더니 하는 말이, '네가 막 대통령 됐을 때 너랑 찍은 사진을 가게에 딱 걸어놨더니 손님들이 와, 니 노무현이 아나? 해쌌고 손님도 많이 오고 그래서 기분이 좋았는데, 나중에는 (지지도가 떨어지니까 손님들이) 야, 저 치아라, 저 노무현이 뭣 때문에 걸어놨노, 치아라 하더라.' 그래서 실제로 치웠다고, 계속 못 걸어놓겠더라고 말하더라고요."

이 예를 들면서 대통령은 허허 웃었지만 곧 담배를 꺼냈다.

"참 어렵죠. 그럴 때. 뭐 한 사람 두 사람이었겠어요? 주위에서 다 나쁘다고 하니까. 지지자라도 정말 헷갈리지 않겠어요? 아, 정말 이렇게밖에 못하냐는 생각이 들 거고……."

전통적 노무현 지지자들이 당당하게 '아직도 나는 노무현을 지지한다'고 말하지 못하게 한 것, 대통령은 그런 현상이 만들어진 것 자체에 대해 지지자들에게 미안하게 생각하고 있었다.

"나 때문에 힘들었지요."

노무현 대통령의 입에서 그런 소리가 나왔다. "내가 지지자들에게 제일 미안한 게 바로 그 점"이라고까지 했다. 지지자들에 대한 사과였다. 예의를 지킨 것이다. 나는 그 말을 듣고 '이 인터뷰의 절반은 이미 성공했다'는 생각이 들었다. 지지도 30퍼센트 미만일 때가 많았던 노대통령과 옛 지지자들이 다시 소통할 수 있는 기반이 마련된 듯했기 때문이다.


나는 대통령 노무현 인물 연구를 하고 싶다는 생각을 집권 초기 일부 지지자들이 이탈하는 소리가 들릴 때부터 가지고 있었다. 대북송금 특검(2003년 2월), 이라크 파병(2004년 6월) 때부터 그랬다. 그런 정책적 판단 때문에 '전통적 노무현 지지자'들이 이탈하는 것을 보면서 그에 대처하는 노무현 대통령의 방식을 연구하고 싶었다.

집권은 5년이었지만 지지자와 노무현 대통령의 애증은 반복됐다. 초기에 그에 실망하던 일부 지지자들은 2004년 봄에 그를 다시 화끈하게 밀어줬다. 한나라당이 주도하는 국회에서 노 대통령을 탄핵(2004년 3월 12일)하자 그를 구해준 것이다. 그때 전통적 노무현 지지자들은 한나라당의 행위를 '의회 쿠데타'로 규정했다. 우리가 뽑은 대통령을 왜 국회의원 당신들이 마음대로 바꾸려 하느냐는 질타였다. 그들은 촛불로 광화문 네거리를 뒤덮었고, 한 달 후에 있었던 4·15총선에서 한나라당을 표로 응징했다. 노무현 대통령이 만든 열린우리당이 총선에서 과반의석을 넘는 제1당이 된 것이다.

그러나 열린우리당은 몸집만 커졌지 제 역할을 하지 못했다. 국가보안법 폐지 등 이른바 개혁 작업이 이뤄지지 않았다. 그로부터 1년여 후에는 노무현 대통령이 뜬금없이 한나라당에 대연정을 제안(2005년 7월 28일)했다. 지지자들은 황당했다. 탄핵에서 구해주고 제1당까지 만들어줬는데도 하라는 개혁은 제대로 하지 못하고, 고작 한다는 것이 한나라당에 추파를 던지는 것인가. 이후부터 보궐선거마다 열린우리당은 한나라당에 참패했다.

그러다 보니 노무현이라는 이름에서 감동을 느낀다는 사람들이 점점 줄어들었다. 지지자들의 무기력증은 심해졌다. 집권 5년이 거의 다 지나가고 2007년 가을 다시 대선 시즌을 맞이했을 때도 옛 노무현 지지자들 가운데 일부는 감동 거부 증세까지 보였다. '2002년에 노무현에 감동했는데, 대통령 뽑아놨더니 별거 없더라. 2007년 대선에서는

다신 감동하지 않겠다.'

그래서 나는 더욱 퇴임을 앞둔 노무현 대통령을 연구해보고 싶었다. 어떤 대상에 대해 애증이 장기화되면 두 갈래로 정리된다. 하나는 무관심과 포기이고, 다른 하나는 본격 연구다. 후자는 미련이 남아 있는 경우다. 쏟았던 애정이 하룻밤의 축제를 위한 것이 아니었음을 확인하고픈 경우다. 또 다른 감동을 준비하고픈 경우다. 나는 이것을 택했다. 지지율이 30퍼센트를 밑도는 때가 많았던 대통령. 그를 대통령으로 만든 사람들은 정말 잘못된 선택을 한 것인가? 속 시원히 묻고 싶었다. 대통령 할 준비가 안 되었던 것입니까? 왜 그 정도밖에 못하십니까? 언론의 비판을 예상하지 못했습니까? 왜 좀 더 치밀하게 못하십니까?

또 다른 이유도 있었다. 대통령 노무현을 꼭 인물 연구해야겠다고 작정하게 되는 일이 생겼다. 너무 독특했다. 보수언론은 물론 진보언론에서도 비판받는 대통령이 마지막 1년을 보내는 방식이.

내가 그를 본격적으로 인물 연구하고 싶었던 때는 '대통령 노무현'에 대한 언론의 희화화(戲畵化)가 극에 달했던 임기 말이다. 노무현 대통령은 2007년 6월 2일 참여정부평가포럼 창립식에서 무려 네 시간에 걸친 작심 연설을 했다. 조중동을 포함한 주요 신문들은 노무현 대통령을 '광신도 앞의 교주' 정도로 묘사했다. 우스꽝스럽게 잡힌 사진들을 곁들였다. 방송들도 노 대통령의 자극적이고 '야한' 말들을 중심으로 1분 내외 길이의 리포트를 몇 꼭지씩 내보냈다.

언론은 사회(현실)의 거울이 아니라 '편집된 거울'이다. 나는 그날의 네 시간 연설의 전문을 찾아 읽고 싶었다. 우리가 2002년에 뽑은 대통령은 정말 그렇게 언론의 놀림감밖에 안 되는 사람이었을까? 임기를 1년도 채 남겨놓지 않은 대통령은 왜 그렇게 쏟아내고 싶은 말이 많았을까? 말을 많이 하고 또 거칠게 한다고 지적받아온 대통령은 그런 지적이 있는 줄 알면서도 왜 또 그랬을까? 그날 연설 첫 대목의 제목은 '참여정부는 실패했는가, 무능한 정부인가'였다. 노무현 대통령은 왜 자신의 임기 중에 자신에 대한 평가를 그토록 중요하게 여긴 것일까?

전문은 A4용지 30장 분량이었다. 한 번 읽는데 세 시간이 걸렸다. 언론이 뽑아낸 자극적인 말들은 양념이었을 뿐 그것들과는 다른 진지한 세계가 있었다. 민주주의론, 지도자론, 시민사회론이 있었다. 그는 "모든 시민이 지도자가 되자"고 역설했다.

연설문의 후반부를 읽을 때 나는 느꼈다. 앞으로 대한민국 정치는 노무현의 말, 노무현의 실험, 노무현의 사상에 10년 이상 더 영향을 받겠구나. 그 영향이 적든 크든. 그리고 한편으로 이해가 됐다. 그가 왜 30퍼센트를 밑도는 지지율과 임기 말임에도 불구하고 계속 큰소리를 치고, 새로운 일을 벌이는지. 그가 왜 임기 말에 '정리'가 아니라 새롭게 분노하고, 새롭게 대결하고, 새로운 승부를 걸고 있는지.

나는 2007년 8월 16일 청와대에 공식적으로 인터뷰를 신청했다. 특별히 부탁한 것은 한 가지였다. 언론과의 인터뷰라는 점을 너무 의식하지 않았으면 좋겠다. 인간 노무현, 정치인 노무현의 내면을 만나면 좋겠다.

보름 후인 2007년 9월 2일 일요일 오전 10시, 청와대 관저에서 노무현 대통령을 만났다. 집무실이 아니라 거처인 관저에서 언론인을 만나 인터뷰한 것은 처음이라고 동석한 비서진이 말했다. 나는 선물로 〈오마이뉴스〉에서 펴낸 단행본 한 권을 준비했다. 속표지에 이렇게 적어 대통령에게 건넸다.

"모든 시민은 기자다. 모든 시민은 지도자다."

시간 내주셔서 감사합니다. 앞 문장은 〈오마이뉴스〉의 모토이고, 뒤의 것은 대통령께서 참여정부평가포럼에서 했던 연설을 제 나름대로 한 문장으로 정리해 본 것입니다.

"감사합니다. 그런 높은 수준이 돼야 우리가 이상적인 사회에 한발 더 가까이 가겠지요."

오전 10시에 시작한 대화는 관저에서의 점심식사로까지 이어졌고, 관저 옆 야산의 대통령 휴식처에서도 계속됐다. 오후 1시 30분경 휴식처에서 내려오면서 작별인사를 나누려 했더니 대통령은 "좀 더 할 이야기가 있다"면서 다시 관저의 탁자로 안내했다. 그날의 대화는 오후 3시 30분에야 끝났다.

두 번째 인터뷰도 일요일이었다. 2007년 9월 16일은 공교롭게도 노 대통령의 61세 생신이었다. 언론들이 일제히 당시 불거지던 일부 청

와대 비서관 관련 의혹사건을 언급하면서 "노무현 대통령이 쓸쓸하고 우울한 생일을 보내게 됐다"고 쓰던 그날이었다. 나는 꽃다발을 준비해 전했다. 이날은 오후 3시부터 5시 30분까지 인터뷰가 이어졌다. 세 번째 인터뷰는 남북정상회담(2007년 10월 4일) 후인 10월 20일이었다.

노 대통령과의 세 차례 청와대 인터뷰는 〈오마이뉴스〉 이한기 뉴스게릴라본부장(편집국장)과 황방열 기자가 함께했다. 청와대 측에서는 양정철 홍보기획 비서관, 김종민 국정홍보 비서관, 김경수 연설기획 비서관, 윤태영 전 대변인 등이 배석했다.

서로 특별한 준비 없이 만나서였을까? 3일에 걸친 심층 대화에서 노무현 대통령은 솔직했다. 그리고 중심을 잡고 있었다.

"그런데요, 나는 나 때문에 구박당하는 지지자들을 만나면 미안해하면서도 마지막엔 이런 말을 해줍니다. '조금 더 가봅시다, 조금 더 가봅시다. 적어도 내가 보기에는, 작은 오류들은 있었지만 큰 틀에서는 제대로 가고 있습니다.'"

그러면서 노 대통령은 이렇게 되물었다.

"오 대표, 근데 한번 물어봅시다. 내가 뭘 잘못했어요? 뭐가 틀렸어요?"

# 대연정 수류탄을 왜 던졌나

노무현 대통령은 "지지자들이 나 때문에 구박받는 것이 제일 미안하다"면서 "근데 내가 뭘 잘못했어요?"라고 물었다. 나는 그것이 논쟁을 위한 것이 아니라 '또 다른 나의 잘못'을 말하기 위한 장치라고 느꼈다. 그래도 이렇게 답했다.

지지자들 입장에서 보면 이렇습니다. 탄핵당해 쫓겨난 대통령을 다시 자리로 돌려보내고, 탄핵당한 직후의 4·15총선에서 의회권력까지 여대야소로 만들어주지 않았습니까? 그러니까 지지자들은 우리가 할 수 있는 것은 다 해줬다, 그런데 그 이후에 돌아가는 것을 보면…… 그렇게 대통령과 당에게 열심히 좀 해보라고 밀어줬는데 결국은 반듯한 대선 후보 하나 못 만들어내고, 당도 없어져버릴 지경이 됐고……

"유시민(참여정부 보건복지부 장관) 의원이 나한테 이런 얘길 한 적이 있어요. '왜 당신이 해야 한다고 하는 것만 합니까, 우리 국민들 기분 좋은 거 좀 해주셔야지.' 또 조기숙(전 청와대 홍보수석) 교수는 나한테 '왜 국민들과 스킨십을 하지 않으냐'고 했는데……"

노 대통령은 자신이 잘못한 것 가운데 하나로 국민과의 합의가 부족했다는 점을 들었다. "국민들 입장에서는 이해하기 어려운 것을 난데없이 대통령이 나서서 해보려고 하는 것"이라고 했다.

"아, 난데없이 잘 알아듣지도 못하는 (한나라당과의) 연정 그놈 들고 나와서 국민들이 '연정이 뭐요?' 하게 만들었죠. 그건 사전에 내가 워밍업도 없이 불쑥 들고 나왔고……. 그 뒤에 또 안 그래도 골치 아픈데 개헌까지 들고 나오고, 언론하고 지속적으로 싸우고, 한미 FTA도 안 해도 뭐라고 하는 사람 없는데, 그거 해치워버렸거든요. 골치 아픈 일을 두루두루 다 하니까 '저 사람이 지금 뭐하고 있는 거요?' 한 거지요. 일반 국민들의 피부에 와 닿지 않는, 정서에 와 닿지 않는 일들을 계속 꺼내니까."

그러면서 노 대통령은 덧붙였다.

"그 과정에서 그런 것들을 가지고, 조중동이 필두지만 나와 국민들 사이에 언론들이 적절하게 이간질을 잘해서……."

대통령과 국민 사이의 합의 부족과 조중동의 이간질이 합쳐지면서 "열심히 한 것마저 아무것도 안 한 것처럼" 되어버렸다는 것이다.

"사실 경제에 대해서 내가 얼마나 골머리를 앓고 열심히 했습니까? 경제 하나만은 정말 열심히 했거든요. 열심히 했는데, 안 했다고 하니까 또 안 한 게 되어버리더라고요. 경포대, 뭐 '경제를 포기한 대통령'이라는 말까지 나오고, 그게 확 유행을 해버리니까 경제를 안 한 대통령이 돼버렸어요. 실제로는 했는데, 아주 열심히."

대통령은 한편으론 억울해하면서도 '내 탓이오'를 확실하게 하는 경우가 많았다. 특히 "국민들이 알아듣지도 못하는 것을 난데없이 들고 나온" 사례를 이야기할 때는 더욱 그랬다. 대표적인 것이 한나라당과의 대연정 시도였다.

사실 나는 노 대통령을 만나면 꼭 이 대목을 묻고 싶었다. 대연정을 왜 시도하려고 했는가는 이미 여러 차례 언론에 보도됐지만, '대연정을 하자'고 결정하는 과정에서 대통령이 어느 정도 참모들의 의견을 수렴했는지가 무척 궁금했다.

노 대통령이 '한나라당 주도 대연정'을 제안한 2005년 7월 28일 전후로 돌아가보면, 대연정 시도는 전통적 노무현 지지자들을 무장 해제시키는 결과를 초래했다. '한나라당과 대연정하는 꼴 보려고 우리가 그토록 눈물 흘려가면서, 탄핵 막아가면서 대통령 노무현을 만들었나?' 이런 배신감을 집단적으로 갖게 했던 것이다.

지지자들의 반응은 충분히 예상되는 것이었는데, 노 대통령은 왜 한나라당과의 대연정을 시도했을까?

대통령께서 대연정을 시도하실 때 청와대의 한 참모를 만나 물어봤습니다. '한 나라당과의 대연정 시도는 대선 때 노무현을 찍은 사람들이 도저히 이해하지 못할 것이다. 지지자들을 무장 해제시킬 것이다. 왜 꼭 하려고 하는가?' 이렇게 답하더군요. '청와대 내부에도 이견이 있는데, 대통령이 이 문제에 대해 확고한 철학을 가지고 있다. 그동안 이러한 큰 흐름에 대한 판단에 있어서는 대통령의 직감이 가장 옳았다. 그래서 우리는 따르기로 했다.' 어떻습니까? 지금 되돌아 보면 그 대통령의 직감이라는 것에 대해…….

"연정은 조금 그…… 바로 내 전략이 보통은 옳았다고 하는 자만심이 만들어낸 오류입니다. 내 딴엔 건곤일척(乾坤一擲)의 카드라고 던졌는데, 그게 흑카드가 됐어요."

"내 전략이 보통은 옳았다고 하는 자만심이 만들어낸 오류." 연정에 대해 대통령이 이렇게까지 '내 탓'을 분명히 한 것은 처음이다. 언론과의 인터뷰에서 '전략적 실책'(《한겨레》 2007년 6월 13일자)이라고 표현한 적은 있지만 그때는 '나의 자만심' 때문이라고 분명히 하지 않았다. 노 대통령은 "수류탄을 (적을 향해) 던졌는데, 그게 우리 진영에서 터져버렸다"고 했다.

"나는 상대방이 상당히 난처해할 줄 알았어요, 상대방이. 내가 그때 내다본 것은 상대방이 상당히 난처해지고 내부에서 갑론을박이 나올 수도 있다고 생각한 겁니다. 그런데 상대방은 일사불란하고 우리 쪽이 갑론을박이 돼버렸어요.(웃음) 거꾸로 총알이 그냥 우리한테 날아오고. 수류탄을 (적을 향해) 던졌는데 데굴데굴 굴러와 막 우리 진영에서 터져버렸어요. 그러니까 그때부턴 걷잡을 수가 없게 된 것이죠. 그래서 아주 뼈아프게 생각합니다. 앞으로 수류탄은 함부로 던지지 말아야죠.(웃음)"

그렇다면 뼈아프게 생각하는 이 대연정 시도에서 노 대통령은 당 지도부나 참모들과 어느 정도 상의를 했을까?

"당 지도부하고는 얘기 다 해놓았습니다."

정말 그러셨습니까?

"당 지도부와 핵심 장관들하고는 다 의논했어요. 그중 몇몇은 참, 내가 얘기할 땐 아무 말도 안 하고 침묵하고 있었는데……."

노 대통령은 자신의 연정 구상을 처음으로 여권 핵심부 인사들과 집단적으로 상의한 '11인 모임'(2005년 6월 24일)을 말하고 있었다.

그냥 지나가면서 한 이야기가 아니라 정식으로 모여 상의를 했습니까?

"모아놓고 얘길 했어요. 전략으로서 여러 가지 논의를 했는데 한마디 말이 없이 가니까 뭐 내 마음대로 할 수밖에 없었지요. 하라 마라 말이 있어야 내가 뭐 어떻게 할 건데……. 하라는 말도 안 하고 안 하라는 말도 안 하고 알아서 해라 이거지. 그래서 알아서 했지요.(웃음) 듣고 아무 말도 안 하는 것은 '난 별 의견이 없다' 이거거든요. 그래놓고 몇몇은 나중에야 '왜 너 알아서 했냐' 이래 된 거죠. 그 사람들 참…….(웃음)"

그 '11인 모임' 한 달 후 이런 언론 보도(〈연합뉴스〉 2005년 7월 29일자)
가 나왔다.

여권 유력주자인 정동영 통일부 장관, 김근태 복지부 장관은 노 대통
령의 대연정 제안에 대해 특별한 언급을 안 한 채 함구하고 있다.

어쨌든 대통령 스스로 "중요하게 상의한 사람들이 가타부타 말이 없
었다"고 한 것을 보면 '충분한 협의'는 이뤄지지 않았던 것 같다. 최
종 결정은 청와대 참모들과 상의해 대통령 본인이 직접 했다.
"그때 나는 (한나라당이 2005년 6월 27일 제출한) 윤광웅 국방부 장관
불신임이 통과될 줄 알았어요. 그걸 전제로 분위기 잡는다고 연정
계획에 대한 페이퍼를 (긴히 상의할 이들에게) 돌려놨는데, 국방부 장
관 해임건의안이 부결돼버린 거죠. 그럼 도로 거둬들여야 될 거 아니
오? 이제 회수하고 연정 안 한다로 가야 되는데……. 참모들이 '도
로 거둘까요? 이거 상황이 달라졌는데 도로 거둘까요?' 이랬는데, 내
가 '어쩌면 좋겠나? 확 한번 밀어볼까?' 이러니까 '해보시죠 뭐' 그래
서…….(웃음)"
노무현의 정치적 감각으로 '확 한번 밀어본' 것이 결국은 패착이었다.
"나는 상대방이 상당히 당황할 거라고 봤어요. 당황하고 내부에서 갑
론을박하고 논쟁이 붙을 걸로 봤는데, 이 사람들이 아마 나한테 놀랬
나 봐요. 내가 던지는 건 무조건 받지 마라, 내가 던지는 건 처음에는

뭐 호박 같아도 나중에는 다 지뢰다, 이렇게 본 모양이에요."

역풍은 대단했다.

"그런데 우리 동네에선 '아니 누구하고 합당한다고?' 이래 나오잖아
요. 사실 연정과 합당은 전혀 다른 것인데, 그 당시에 연정과 합당을
같이 묶어버리더구먼요. 그때 (내가 전부터 상의해온 여권 핵심부) 몇몇
이 그걸 수습해줘야 되는데, 아무도 수습을 안 해주더군요. 그래, 아
이고 벌써부터 몸조심이나 하고, 그렇게 생각했죠."

무엇보다 가장 큰 역풍은 대통령 노무현에 대한 지지자들의 신뢰에
큰 타격이 가해졌다는 점이다.

그때 〈오마이뉴스〉 독자들의 반응을 보면 '이거 하라고 대통령 밀어준 게 아닌
데'였습니다. 대통령께선 정치 지도자가 일관성이 있어야 하고 그것이 신뢰의
기본이라고 하셨죠. 그런데 반한나라당 하고 싶어서 노무현 대통령을 만들었는
데 '열린우리당과 한나라당의 정치적 차이가 없다'면서 한나라당과 연정을 하
자고 하니…….

"바로 그런 점이 있기 때문에…… 그래서 내가 '시민 모두가 지도자가
되자. 이제 시민도 전략을 가져야 한다'고 생각하는 겁니다. 시민이 연
정과 합당을 구별할 줄 알아야 되고, 시민이 연정이라는 것을 이해할
수 있어야 됩니다. 그래서 지금 정치학 교과서를 쓰고 있습니다."

노 대통령은 대연정 시도가 결과적으로 실패했고 아무런 정치적 성과
도 얻지 못했다는 점에 대해서는 '자만심이 부른 뼈아픈 패착'이라고

생각하면서도 그 발상에 대해서는 여전히 긍정적으로 보고 있었다. 모순 아닌가?

"나한테 모순이 있는 건 아닙니다. 나는 대통령에 당선될 때부터, 민주당 시절부터 연정 구상을 가지고 있었어요. 2004년 총선은 반드시 우리가 질 걸로 봤습니다. 그 당시 민주당도 분열돼 있었고 궤멸 상태였기 때문에. 도저히 내가 그 당을 수습해나갈 자신도 없었고, 또 그 당 가지고 우리가 이길 수 있으리라고 생각지도 않았고요.

그래서 2004년 총선 때 난 질 걸로 봤고, 그때 카드를 일종의 이원집정에 가까운, 말하자면 내각제에 가까운 걸 생각하고 있었습니다. 총리를 국회 다수당이 맡고, 실질적 권력을 가져가고, 국군통수권 등 헌법상 부득이한 권력과 몇 가지 대외적 권력 그리고 의전적 권력을 내가 행사하는 것으로. 그러면서 이제 타협의 정치를 한번 해보려고 한 것이죠."

대통령이 일찌감치 가지고 있었던 그 구상은 노무현의 또 다른 모습을 보여준다. 그는 대통령에 당선될 때부터 정국주도 측면에서는 자신감이 없었던 것으로 보인다. 지지자들은 화끈하게 한번 해보라고 잔뜩 기대했지만 그는 도저히 당을 수습해나갈 자신이 없었고, 2004년 총선에서도 질 것으로 봤기 때문에 '내 한 몸 바쳐 정치 지형을 근본적으로 바꿔보자'는 발상을 했던 것이다.

대통령 권력의 반을 내놓고 선거구제 개편을 시도한 이유였다. 기존의 지역구도를 깰 수 있을 것으로 기대되는 중대선거구제와 비례대표

강화가 그 협상안이었다.

하지만 이런 노무현 대통령의 '패배주의'를 지지자들이 거부해버렸다. 지지자들은 탄핵역풍을 만들어내면서 4·15총선에서 여당인 열린우리당을 압도적인 제1당으로 만들어버렸다.

"우리가 이겨버리는 바람에, 아이 뭐 할 수가 없게…… 할 수가 없게 됐는데……."

노무현 대통령은 대연정에 대한 미련을 버리지 못했다. 2004년 탄핵역풍과 4·15총선으로 표면상 대통령과 의회라는 두 권력을 모두 장악했으면서도 자신감을 길게 가져가지 못했다. 2005년 재보선(4월 30일)에서 열린우리당이 참패하고 과반이 무너지자 한나라당과의 연정 구상을 본격적으로 하게 된다.

"2004년 총선에서 이기면서 연정을 못하게 됐는데, 그게 이제 1년 후 재보선에서 다시 역전이 됐죠. 그 전후로 독일의 슈뢰더 총리가 연정을 구상하고 있었는데 그게 부러웠습니다. 어떻든 한계에 봉착한 지도자는 다시 국민의 심판을 통해서 물러가든가 다시 권력을 회복하든가 그렇게 결판을 내야지, 이것도 아니고 저것도 아닌 이게 무슨 정치냐. 굉장히 고통스러웠어요. 그러던 참에 슈뢰더의 구상을 보고 우리도 이거 한번 해보자, 말하자면 걷지도 못하는 놈들끼리 우리 점프 한번 해보자, 이래 된 거죠.(웃음)"

결국 준비 안 된 무모한 점프는 실패했다. 노 대통령의 '뼈아픈 실수'에 대해 듣다 보니 그의 대연정 시도는 패배주의와 승부사적 기질이

동전의 양면처럼 합쳐진 것 같았다. 서로 다른 두 이질적 요소의 결합이 만들어낸 큰 도박. 그래서 2002년 대선에서 노무현을 찍었던 그의 지지자들은 그의 시도를 쉽게 이해할 수 없었다.

노 대통령은 2004년 탄핵을 당하기 전부터 "대통령직을 계속 수행하는 것이 너무나 버겁고 감당하기 어렵다"고 생각하고 있었다. 그래서 재신임을 들고 나오기도 했다.

"그 당시 심리적으로 내가 굉장히 위축돼 있었어요. 국민들한테 다시 신임을 묻지 않고 대통령직을 계속 수임한다는 것이 나로서는 너무나 버겁고 감당하기 어려웠습니다. 나는 한 사람의 지도자에 의해서, 하나의 정권에 의해서 역사가 크게 바뀌거나 발전한다고 생각하지 않습니다. 과정이 중요하다는 것이죠. 정권이 한 번 서고 한 번 무너지는 이 과정이 굉장한 의미를 갖는다고 생각하는데, 결국 나는 이미 그때는 대통령으로서 거의, 말하자면 힘이 다 빠져버리고 대통령으로서의 직무를 제대로 수행하기 어려운 상황에 있다고 판단했어요. 그래서 재신임을 던진 것인데, 재신임도 되지 않았고……."

그런 상태의 대통령을 지지자들은 이해하지 못하지요. 얼마나 어렵게 만든 대통령인데 왜 자꾸 힘들다고 하고, '아이고, 그만 해버릴까' 하는지. 대통령이라는 권력은 노무현 개인의 것이 아니고 지지자들의 것이라고 생각하는데요.

"나를 대통령으로 뽑은 사람들은 마음이 안 그렇겠지만 내 처지에서는 내 정권이 중요한 게 아닙니다. 역사라는 것은 계기가 중요하고 국가라는 것은 제도가 중요한데, 내 정권이 중요한 것이 아니라고 봐서 통 크게 한번 하려고 하는 것이죠."

내 정권보다는 역사와 제도를 택했다는 그는 '큰 거 한 건'을 겨냥하고 있었다.

"물줄기를 그렇게 바꾸어내는 그 하나가 5년 내내 두드려 맞아가면서 주물러 쌓는 것보다는 기록상 확실하게 남습니다. 말하자면 역사의 한 매듭을 확실하게 바꾸려고 했습니다."

무엇이 노 대통령을 그렇게 다급하게 만들었을까? 그는 왜 지지자들의 마음을, 국민들의 마음을 차곡차곡 얻으려 하지 않았을까?

"오늘 5원어치 팔고 내일 10원어치 팔고…… 물론 푼돈 모아도 중요하죠. 국가 운영이라는 건 10원도 벌고, 20원도 벌고, 뭐 50원도 벌고, 티끌 모아 태산이지만, 그러나 그건 내가 안 해도 그 정도는 끌고 갈 수 있는 사람들이 많이 있습니다."

그래서 '한판의 승부'를 벌인 것이다. 그 내용은 무엇이었을까?

"선거구와 정권을 맞바꾸는 것이었습니다. 왜냐하면 처음 출발할 때부터 환경이 그렇게 되어 있기 때문에 2004년도 총선은 지게 돼 있다고 보고……. 여소야대 가지고 정국을 주도할 수 없기 때문에……. 정권은 분명히 노무현 정권인데 속은 그게 안 돌아가는 정권이거든요. 이게 자동차 뚜껑은 벤츠인데 안에는 경운기 엔진이 들어가 있거든. 사람들이 보고 '벤츠 저게 뭐야, 두드려 부셔버려' 딱 그렇게 말하게 되는 겁니다."

노 대통령은 너무 많은 것을 얻고자 했다. 역사의 한 매듭을 확실하게 짓고자 했다. 그러나 국민들은 동의하지 않았다. 무엇에 동의하지 않았을까? 여러 가지가 있겠지만 그중 하나는 '지지자들과 충분히 상의하지 않는, 성급한 패배주의'였다.

국민과 지지자들은 역사에 남을 '큰 승부 한판'을 벌이겠다고 나선 대통령의 진정성을 이해하지 않았다. 이해 못한 것이 아니라 이해를 거부했다. 큰 권력(시민사회)이 작은 권력(대통령)의 성급한 성과주의에 '정신 차려' 한 것이다.

# 패배는 있지만 패배주의는 없다

2007년 10월 〈오마이뉴스〉에 〈인물연구 노무현〉을 연재하고 있을 때 노무현 대통령이 직접 편지를 보내왔다. 한나라당과의 대연정 시도에 대해 내가 '패배주의'라는 표현을 써서 평가하자 그에 대한 반론을 보내온 것이다. 대통령은 "이 편지를 컴퓨터로 직접 썼다"면서 "네댓 시간이 꼬박 걸렸다"고 했다. 그는 패배주의라는 규정에 동의하지 않은 이유를 "그동안의 나의 정치 역정과 비교해보면 너무 어울리지 않기 때문"이라고 했다. 그는 강조했다.

"나는 20년 정치 생애에서 여러 번 패배했지만 한 번도 패배주의에 빠진 일은 없습니다."

다음은 노무현 대통령이 2007년 10월 12일에 쓴 편지의 전문이다.

오연호 기자, 〈오마이뉴스〉에 연재하고 있는 나에 대한 기사를 잘 보고 있습니다. 글이 좋습니다. 능력이 참으로 부럽습니다.

다만 항의가 될지 반론이 될지, 지적을 해두고 싶은 한 대목이 있습니다. 바로 '패배주의', '성급한 성과주의'라는 대목입니다. 근거가 충분하지 않은 규정이라고 생각합니다.

'나는 민주당의 상황으로 보아 2004년 총선에서 승리하기가 어렵다고 보고 있었다. 그 이후에도 계속하여 정국을 끌고 가기가 어려울 것이라고 보고 있었다. 고통스러웠다. 당시 심리적으로 위축되어 있었다.' 아마도 이런 말을 근거로 패배주의를 추론한 것 같습니다.

총선 승리가 어렵다고 생각한 것, 정국을 끌고 가기가 어렵다고 생각한 사실을 패배주의의 근거로 보았다면 그것은 논리의 비약이 있는 것 같습니다.

다음 선거에서 승리가 어렵다고 본 것은 패배주의일 수도 있지만, 미래를 객관적으로 보는 냉정함일 수도 있고, 미래에 닥쳐올 상황을 미리 예견하고 준비를 해두고자 하는 용의주도함일 수도 있을 것입니다. 그 당시의 상황으로 보아 객관적 예견이라고 보는 것이 정확한 것 아닐까요?

정국을 끌고 가기가 어렵다는 인식 역시 객관적 상황에 관한 인식일 뿐 이로 인하여 국정 운영에 자신감을 잃고 있었다거나 패배주의에 빠져 있었다고 볼 근거가 되기에는 부족하다고 생각합니다.

내가 정국을 끌고 가기가 어렵다는 말을 자주 강조한 것은 우리 정치제도와 문화가 이대로는 안 된다는 점을 강조하기 위한 것이었지 내가 국정 운영에 자신이 없다는 뜻은 아니었습니다.

나는 대통령제, 지역구도 다당제, 여소야대의 일상화 등으로 인한 이원적 정통성의 문제, 책임정치가 불가능한 정치 구조에 대해 끊임없이 문제를 제기해왔고, 이들 문제의 해결을 위해 지역구도 해소, 대연정 등의 타협주의 정치를 제안해왔습니다. 내가 정국 운영이 어렵다고 강조한 것은 크게는 이런 문제를 강조하기 위한 것이었습니다.

'고통스러웠다', '심리적으로 위축되어 있었다', 이런 이야기는 재신임을 물을 당시의 상황이었는데, 당시는 정국 운영의 어려움 때문에 고통스럽거나 위축돼 있었던 것이 아닙니다. 대선자금 수사와 나의 측근이 받은 정치자금 문제가 공개된 데 따른 것입니다. 당시 나는 이 문제로 부끄럽고 고통스러웠습니다. 정말 대통령을 그만두어야 한다고 생각했습니다. 이것은 특별한 시기의 특수한 상황입니다. 그러므로 국정 운영에 대한 자신감과는 관계가 없는 것입니다. 아울러 대연정 제안과도 관계가 없는 것입니다.

따라서 이런 사실들을 근거로 일반적으로 또는 대연정 제안 당시 국정 운영에 대한 자신감을 잃고 있었다고 판단하고, 이를 패배주의로 규정하는 것은 수긍하기 어렵습니다.

물론 내가 인터뷰를 할 때 미래에 대한 비관적인 예측, 국정 운영의 어려움, 특수한 시기의 고통과 위축 등의 이야기와 지역구도, 여소야대 등으로 인한 정치제도와 문화에 대한 문제점을 뒤섞어 이야기하여

오 기자로 하여금 혼선에 빠지게 한 것이 아닌가 하는 생각이 들기도 합니다. 그렇다고 해도 이런 이야기들을 그냥 묶어서 패배주의로 규정한 것을 흔쾌히 수용하기는 어렵습니다.

왜냐하면 그동안의 나의 정치 역정과 비교해보면 너무 어울리지 않기 때문입니다. 나는 20년 정치 생애에서 여러 번 패배했지만, 한 번도 패배주의에 빠진 일은 없었습니다.

그리고 아직 알려지지 않은 일일지는 모르나, 나는 항상 몇 해 앞의 상황을 미리 가정해보고 대응책을 생각하는 버릇이 있습니다. 이것까지 고려해준다면, 다가올 선거의 결과에 대한 비관적인 전망을 가지고 여러 가지 대응책을 준비하는 것은 패배주의가 아니라 세심함이나 용의주도함 또는 멀리 보는 안목의 근거라고 보는 것이 맞을 것입니다.

대연정 제안도 마찬가지입니다. 이미 후보 시절부터 준비한 것입니다. 우리 헌정제도의 문제점에 대한 의식은 그만큼 오래된 것입니다. 이 문제의식은 당선 이후에 더욱 깊어져서 최근 청와대 참모들이 《한국정치 이대로는 안 된다》라는 책으로 정리해 내놓을 수준에까지 이르렀습니다.

지역구도 해소는 나의 필생의 정치 목표입니다. 나는 여기에 내 모두를 걸었습니다. 결국은 그 때문에 대통령이 되었으나 정작 나는 아직도 이 목표를 풀지 못하고 있습니다.

이것 때문에 나는 국민들이 어떤 평가를 하든 이 문제가 해결되거나 큰 진전이 있기 전에는 스스로 성공한 정치인이라고 말할 수 없을 것이라는 생각을 가지고 있습니다. 그리고 후보가 되고부터는 동거정부, 대연정 등의 대타협의 정치가 아니고는 우리 정치가 정상적으로 작동하기 어렵다는 생각을 가지게 되었습니다.

그래서 지역구도 해소와 대타협의 정치를 위해서는 어떤 대가라도 지불할 생각으로 정치를 해왔습니다. 동거정부 구상, 대연정 제안, 개헌 주장 등 모두가 이 목표를 위한 것입니다. 이를 위해 대통령의 권력을 거는 것은 결코 패배주의의 결과도 아니고 성급한 성과주의도 아니라고 생각합니다. 물론 이 또한 나의 정치 역정 전체를 꿰뚫고 분석해보아야 이해가 되는 문제일 것입니다.

반론으로서의 논리가 부족할지는 모르겠지만, 어떻든 패배주의나 성급한 성과주의는 아니라는 것입니다.

이야기를 하다 보니 좀 야박하게 따지는 것 같은 글이 되었습니다. 시비조의 글을 쓰지 않으려고 노력했는데도 재주가 부족한 것 같습니다. 어차피 이렇게 되었으니 기회가 되면 시비논쟁을 한번 합시다. 내 생각은, 패배주의라는 해석은 오 기자가 생각을 고쳐주시고, 나의 다른 약점을 찾읍시다. 더러, 아니 많이 있을 것입니다. 패배주의, 한건주의는 내가 너무 아프게 생각하는 것이기 때문입니다.

건강하시고, 건투하시기 바랍니다.

# 청와대에서 걸어 나가고 싶다

권력 분산. 왜 더하기가 아니라 빼기를 할까. 노무현 대통령은 참 이상한 대통령이었다. 정권을 잡았으면 권력을 최대한 활용해야 하는데 그러지 않았다. 대표적으로 검찰권력과 여당을 대하는 방식이 그랬다. 참여정부 인사들은 이 권력 분산을 권위주의의 해체라고 평가했다. 과연 그럴까. 노무현 지지자들은 궁금해했다. 특히 대통령 노무현이 "대통령 노릇하기 힘들다"고 말할 때는 더욱 권력 분산의 실체를 궁금해했다. 있는 권력도 제대로 사용하지 않으면서 왜 힘들다고 할까. 권력 분산은 치밀한 설계에 따른 전략적 선택인가 아니면 스스로를 약체 정권이라고 생각하는 권력 담당자들이 휘하의 권력을 통제하지 못해 어쩔 수 없이 선택한, 자의 반 타의 반인가. 이것은 〈인물연구 노무현〉의 중요한 대목이었다.

대통령 취임 후 얼마 되지 않은 2003년 3월 9일, 노 대통령은 평검사들과 '막가는' 대화를 했다. 전에는 볼 수 없는 풍경이었다.

취임 초기에 검찰과 긴장관계를 만드셨는데, 어떤 설계에 의한 것이었습니까?

"작심하고 시작한 것이죠. 나는 절대로 검찰 신세를 안 지겠다고 작심했습니다. 왜냐하면 검찰이 내 살림을 살아주면 자기도 또 뭘 누리는 게 있어야 하지 않습니까?"

무엇보다 '청와대에서 걸어 나오기 위해' 검찰과 거리를 두었다고 했다.

"그리고 검찰과 손잡으면 청와대에서 걸어서 못 나온다고 생각했어요. 검찰이 내 손에서 움직이기 시작하면 나만이 아니고 내 주변 사람들이 전부 다 방심을 하게 되고, 어지간한 건 묻으려고 하고, 사고는 묻으면 묻을수록 크게 폭발하거든요. 다이너마이트와 같아서. 그러니까 사고를 묻어놨다가 말년에 와서 크게 터트리는 것이 우려가 되기도 하고 그랬습니다."

측근인 안희정 씨가 대선자금 문제로 구속(2003년 12월 14일)될 때는 '대통령인 내가 검찰에 좀 손을 쓰면……' 하는 유혹을 느끼셨을 법도 한데요. 그때 '대통령도 참 힘이 없구나'라고 생각하셨습니까?

"그때는 이미 검찰과 내가 그렇게 할 수 없는 사이가 됐어요. 할 수

없는 사이니까 그런 고민이 없었어요."

이러한 권력 분산이 민주주의 시스템이라는 점에서 보면…….

이 질문을 할 때 내심 그럴싸한 대통령의 분석을 기대했다. 그런데 노 대통령은 다시 '살아서 걸어 나가기 위해'를 강조했다.

"무사하게 걸어 나가기 위한 전략이라고, 아주 역설적으로 얘기하면 그렇게 말할 수 있습니다.(웃음) 말하자면 내가 대통령을 무사하게 마치고 고개 들고 걸어 나가기 위한 전략이 그겁니다."

노 대통령은 말을 이었다.

"검찰하고는 절대 손잡지 않았습니다. '장악하지 않는다'가 아니라 '손잡지 않는다'는 거였죠. 검찰은 장악되는 데가 아닙니다. 검찰 조직이 일사불란한 것도 아니고요."

대통령의 검찰권력 이야기를 듣다 보니 세상이 참 많이 변했다 싶었다. 대한민국 권력 일인자가 "검찰은 장악되지 않는다"고 한 것을 보면 검찰에의 권력 분산은 '작심한' 것도 있지만 자의 반 타의 반 성격도 강했음을 느낄 수 있었다.

그렇다면 이른바 당정 분리, 여당에의 권력 분산은 자의가 강했을까 타의가 강했을까?

노무현당으로 출발(2003년 11월 11일)한 열린우리당이 여러 문제를 겪다가 결국은 해체(2007년 8월)됐습니다. 돌이켜보면 그런 생각 혹시 안 하십니까? 당정 분리가 아니라 대통령이 실질적으로 당을 장악했더라면 하는.

"장악이 안 되죠, 안 됩니다."

대통령은 너무 쉽게 결론을 내려버렸다.


장악이 안 된다…… 그럼 당정 분리는 대통령 중심의 권력 집중, 권위주의 해체라는 설계도를 가지고 주도적으로 했다기보다는 자의 반 타의 반인가요?

"자의 반 타의 반입니다. 당정 분리를 안 하고 내가 당권을 도로 장악해서 갈 수 있느냐, 그러면 내가 고민을 해봤을 텐데 나는 안 된다고 판단했어요. 불가능하다고 판단했기 때문에 당정 분리 원칙을 일관되게 주장했죠."

왜 장악할 수 없다고 보았을까? 노 대통령은 당이 장악되려면 우선 노선이 통일되어야 하고, 공천권이라는 권력을 행사할 수 있어야 한다고 했다. 그러나 그 '밑천'이 없었다는 것이다.

"그래서 나 같은 정치인이 살려면, 동일한 정책적 가치를 갖고 그것을 지향하는 사람들이 뭉쳐서 당을 만들고, 그 이유 때문에 지지하는 사람들이 지지 세력을 형성해서, 국회의원들이 그 당을 떠나면 살지 못하게 됐을 때, 그때는 이제 당정 분리가 되더라도 그 안에서 이론을 가지고, 정책과 논리를 가지고 통제를 해나갈 수 있죠. 그러나 열린우리당은 그게 안 되어 있었기 때문에 통제할 수가 없었습니다."

정치인은 개인의 이해관계에 따라 움직이기 때문에 그것을 통제할 지지 집단의 짜여진 힘이 필요하다고도 했다.

"사람들(국회의원 등 정치인)이 뭐 대의로 뭉친 것 같지만 사실은 정치 판에 딱 들어오고 나면 대의는 어디 가버리고 정치적 입지만 남게 됩니다. 개인적 정치 기반과 입지, 이해관계만 남게 되어 있거든요. 대의라는 것은 구체적이고 현실적인 문제에 있어서 각론으로 들어가면 다 희석되어버립니다. 그렇기 때문에 정책을 함께하는 정당과 그것을 둘러싸고 있는 지지 집단, 지지 시민이 딱 짜여져 있지 않으면, 그러니까 당을 이탈했을 때 살아남지 못하는 문화가 되지 않으면 끊임없이 이탈이 생깁니다."

이런 인식 때문일까. 노 대통령에게 임기 중 어떤 일이 가장 힘들었냐고 묻자 그는 "탄핵당했을 때보다 (열린우리)당이 무너질 때가 더, 제일 고통스러웠다"고 했다. 노 대통령은 최근 자신의 컴퓨터에 '원칙이냐, 승리냐'라는 화두를 적어놓았다고 했다.

> 원칙 있는 승리가 첫 번째고, 그다음이 원칙 있는 패배, 그리고 최악이 원칙 없는 패배다.

대통령은 왜 '원칙 없는 승리'라는 가정을 하지 않았을까? 노무현 '정치사전'에는 그러한 가정이 존재하지 않는다고 믿기 때문일까? 대통령은 '원칙'과 '승리'를 별개가 아니라 동전의 양면으로 인식하고 있었다.

# 봉쇄되면 절박해집니다

2007년 9월 2일 첫 번째 인터뷰를 하던 날, 노무현 대통령은 그날따라 마음이 편해 보였다. 청와대 비서관 변양균, 정윤재 씨가 연루된 의혹사건이 언론에 보도되기 시작하면서 밖에서는 '노 대통령도 별수 없이 레임덕을 당하는구나' 하는 분석이 오고갈 때였는데도 말이다. 마음이 편해서인지 이날 인터뷰에서 나는 언뜻언뜻 '(민주당 대선) 후보 시절의 노무현'을 보았다. 활달하고 도전적인, 그러나 과오를 시원하게 인정하는.

일요일 오후가 되면 대통령은 아마도 월요일부터 시작되는 한 주의 국정을 챙기기 위한 마음의 준비를 해야 할 것이다. 그래서 오후 시간까지 인터뷰에 할애해달라고 요청하는 것이 부담이었는데 대통령이 먼저 말했다.

"점심 먹고 더 이야기합시다."

점심식사 장소는 청와대 관저 안에 있는 한 널따란 방이었다. 동석한 〈오마이뉴스〉 취재팀과 청와대 비서진이 함께했다.

오늘따라 편해 보이십니다. 오랫동안 말씀하시면서도 피곤해 보이지도 않고.

"아프간 인질 문제가 해결이 됐잖아요."

대통령은 웃으며 말했다. 그러고 보니 바로 전날 한국인 인질들이 43일 만에 풀려났다.

아프간 인질 사태에 대한 뉴스를 보고 있으면 같은 국민이라 그런지 마치 내 가족이 억류된 것처럼 긴장감을 느끼는데요. 대통령 입장에선 더 그러실 것 같습니다.

"진짜 자기 일 아닌 게 없어요. 그런 게 하나도 없어, 대통령에게는. 제일 골치 아픈 게, 비가 너무 와도 내 일이고, 안 와도 내 일이고……. 그래서 일기예보를 매일 보고 또 보고 그래요. 봐봤자 별수 없으면서."

그래서 아마도 '대통령 체질'이 필요할 것이다. 크고 작은 무수한 국정 관련 이슈로부터 스트레스를 받지 않으려면.

기자를 정의하는 여러 표현이 있지만 나는 한때 '기자는 스트레스를 맛있게 먹고 사실을 배설하는 사람'이라고 말한 적이 있다. 하지만 기자는 지금 자기가 관심이 있는 곳에 집중할 수 있는 반면 대통령은 국

정 전반에 계속 신경을 써야 한다. 노무현 대통령의 스트레스 해소법
이 궁금했다.

이런 일요일에, 정치 이야기도 하고 싶지 않고 국정 이야기도 하고 싶지 않을
때, 편하게 그냥 만나려면 주로 어떤 분들과 만나십니까?
"없어요. 그런 일이 없습니다."

주말에도 편안한 만남의 기회가 거의 없으시군요.
"예. 어쩌다가 고등학교 동창들이 오는데 여기 앉아서 뭐 기분이 나
겠어요? 자유롭고 편안한 기분이 나겠습니까?(웃음)"
이해가 갔다. 무릇 동창과의 만남이란 얼굴이 맞닿을 정도의 탁자에
마주앉아 소주 한잔하고, 노래방에서 질펀하게 어깨동무하고 노래도
불러보고 그래야 맛이 나지 않겠는가.
이날 점심도 그랬다. 너무 큰 원탁에 앉아 너무 깍듯한 서비스를 받다
보니까 아니 그 무엇보다 현직 대통령이다 보니까 포도주를 한 잔씩
하긴 했지만 어려운 자리였다.

외로우실 때는 어떤 방법으로 시간을 보내십니까? 조중동은 물론 〈한겨레〉,
〈경향신문〉, 〈오마이뉴스〉까지도 대통령을 비판할 때는 바깥 상황을 알려주는
참모들도 풀이 죽어서 보고할 텐데, 그땐 특히 외로우실 텐데.
"(특별히 뭘 하는 게) 전혀 없습니다. 고달프면 그냥 자고, 시간 있으면

산책하고, 나머지는 책이나 보고서를 보고. 뭐가 있다면 혼자서 몇 시간씩 한 가지 주제에 대해 생각하는 겁니다. 누워서 생각하고, 걸으면서 생각하고, 밥 먹으면서 생각하고. 그 생각을 비서를 통해서 하든 내가 직접 하든 글로 정리하고……. 그러니까 스트레스 풀고 뭐 하고 할 시간도 없고, 그럴 필요도 못 느끼는 거지요. 그러니까 일하면서 스트레스가 쌓이고 또 풀리고 동시에 그렇게 돌아가는 겁니다."

일하면서 동시에 스트레스를 푼다. 그것은 자기 일을 사랑하는 자의 노동 방식이다. 갑자기 어린 시절 어머니의 농삿일하는 방식이 떠올랐다. 초등학교 입학 직전의 내 눈엔 밭에서 허리를 한번 구부리면 서너 시간씩 김을 매는 어머니의 모습, 그 집중력이 이해가 가질 않았다. "어머니 쉬었다가 하세요" 했더니 돌아오는 답은 "일하면서 쉬는 거지"였다. "대통령 하기 힘들다"고 한 적이 있는 노 대통령이지만 '스트레스 해소법'으로 보자면 대통령 체질이라 할 만하다.

그런데 노무현 대통령은 "체질적으로 대통령 할 준비가 덜 돼 있었다"고 말했다.

"나는 (대통령 돼가지고) 단상에 올라가 앉아 있으면 불편해서 아주……."

지금도 그러십니까?

"요새는 좀 나아졌는데, 처음에는 아주 불편해가지고……. (단상) 밑에 앉아 있으면 아주 편안하고. 체질적으로 준비 안 된 대통령은 틀림

없는 것 같아요. 말씨하고. 그 말씨하고 체질하고 준비가 안 돼가지고 대통령 하기에 아주 애로 사항이 많았습니다."

이날 인터뷰는 이런 식이었다. 굳이 대통령에게 "왜 말씨를 그렇게……"라고 묻지 않아도 스스로 인정하면서 자리를 깔아줬다. 임기 말이 되니까 되돌아보는 시간이 많아졌기 때문일까? 말씨 이야기가 나와서 본격적으로 물었다. 그동안 이해가 되지 않았던 대목을.

말씨 때문에 언론에 많이 당하셨으니 '아, 이 말 하면 또 당하겠구나' 하는 생각도 드실 텐데, 왜 자꾸 반복되는 것 같습니까?

"내가 자극적인 말을 좋아하거든요. 냉소적인 얘기라든지 역설적인 얘기라든지."

궁금증 하나가 풀렸다. 무심결에 그런 말투가 튀어나올 수도 있겠지만 원래부터 자극적인 말을 좋아한다는 것이다.

언제부터입니까?

"언제부터 그랬는지는 모르겠는데…… 군대에 있을 때는 음담패설 이런 걸 잘했어요.(웃음) 그건 당시에 일종의 삶의 방편이었거든요. 음담패설이라도 (재미있게) 한 자리해야 동료들 사이가 편해지니까. 아마 (자극적인 말을 좋아하게 된 것은) 운동권 때부터 그렇게 된 것이 아닌가 모르겠네요."

노 대통령은 "군대 갔다 와서 변호사 되고 스스럼없이 곱사춤도 추고 다니고 그랬는데" 하면서 운동권 시절 이야기를 꺼냈다. 그의 운동권 진입은 인권변호사로 활동을 시작한 1981년 전후로 봐도 무방할 것이다.

"운동권 되고부터 말투가 그렇게 된 거 같아요. 반어법과 역설법을 쓰고, 감정적으로 팍 폭발적으로 자극적인 것을 쓰고……. (그리고 그런 효과는 민주화 운동 현장에서) 대중의 언어를 써야 그게 전달이 되거든요."

민주화를 위해 투쟁하던 시대, 대중과 함께 투쟁을 해야 했던 시대에 대중에게 효과적인 전달을 하기 위해 그런 자극적인 말을 좋아하게 됐다는 것이다. 그런데 설사 그렇게 개인사적으로 체화되었다 하더라도 대통령이 된 이후에 여러 차례에 걸쳐 '노 대통령은 말씨 때문에 다 까먹는다'는 국민적인 지적이 있었는데도 왜 고쳐지지 않고 반복되었을까?

"내가 '깽판', '거들먹거리고' 이런 표현을 쓴 것을 TV로 봤는데, 내가 봐도 좀……. 그런데 그런 말을 한 것을 (TV에서 보기 전에는) 기억도 못하고 있었어요."

부지불식간에 부적절해 보이는 그런 말투가 섞여 나온다고 했다. 그래도 의문이 다 풀리지 않았다. 인내의 적용 방식이었다.

노무현 대통령은 참여정부평가포럼(2007년 6월 2일) 연설에서 '자극적인 말'을 많이 했다. 그런데 같은 연설에서 "남북관계에서 굉장히 인내를 많이 하고 있다"고 강조했다. 사실이 그렇다. 그 결과가 2007

년 남북정상회담 성사일 것이다.

노무현 대통령은 그 정상회담에서 합의 내용도 성과를 보았지만, 말 때문에 큰 점수를 얻었다. 히트작을 만들었다. 김정일 국방위원장이 "하룻밤 더 쉬어가라, 대통령이 그것도 마음대로 결정 못합니까?"라고 하자 "큰 것은 내가 결정하지만 작은 것은 내가 마음대로 결정하지 못합니다"라고 했다. 의전팀, 경호팀과 상의해야 한다고 했다. 전혀 예상치 못한 김 위원장의 제안에 대한 노 대통령의 답 한마디가 대한민국 국민들에게 믿음을 줬다. 평상시에도 저렇게 시스템적으로 국정을 운영해왔다는 것인가 하는 생각을 하게 했다. 이것이 정상회담 직후에 지지도가 50퍼센트대까지 오른 원인일 것이다.

그런데 왜 남북관계의 일 처리에서 보여준 그 신중함과 인내심이 국내 정치나 언론과의 관계 등에서는 안 되는 것일까? 왜 좀 더 참지 못하고, 좀 더 다양한 것을 고려하지 못하고 화끈한 말을 쏟아내서 본론이 주목받지 못하고 곁가지가 부각되게 하는 것일까?

나는 그것이 '버릇'이 아니라 일종의 '홍보 전략'일 수도 있다고 의심한 적이 있었다. 아니면 어떤 상황이나 상대방에 대한 분노를 도저히 주체할 수 없는 경우이거나.

그래서 물어봤다.


대통령이 말을 너무 많이 해서 손해를 본다는 지적이 있어 왔습니다. 침묵하고 있으면 도저히 스트레스를 받아서 안 되겠다, 차라리 화끈하게 이야기하자, 뭐 그런 것이 폭발하는 건가요, 아니면 홍보 전략의 일환인가요? 국민들을 주목하게 만들고 싶은 의제에 대해 직접 나서서 하는 게 제일 낫다, 그런 생각 때문에 그러시는 건가요?

"물론 누구도 대신할 수 없는 것들이 있긴 하지요."

이렇게 말을 꺼낸 대통령은 말의 중요성을 이야기했다.

"그 말이라는 것이 정치의 수단입니다. 제대로 된 소통 없이 어떻게 정치가 되겠어요. 오늘날 민주주의는 군대와 경찰을 가지고 통치를 하는 것도 아니고, 결국은 말을 통해서 하는 것인데, 말을 한다는 것은 핵심적 내용도 전달해야 하지만 해명도 해야 하고 오해도 풀어야 하는 거 아닙니까?"

대통령의 말을 계속 들어보자.

"그런데 (해명과 오해를 풀) 그런 길은 (현재와 같은 언론 상황에서는) 전부 봉쇄돼 있어요. 완전히 봉쇄돼 있습니다. 그렇게 봉쇄돼 있으니까 (일반 국민들은 물론이고) 나를 이해하려는 사람들한테도 내 얘기가 다 전달이 안 되고……. 그래서 절박한 수단이 필요하고, 그게 이제 참여정부평가포럼 강연의 계기지요. 그래서 말을 안 할 수는 없는데, 현장에 있는 사람들은 같이 공감하고 박수치고 좋아했는데, 나중에 현장에 없던 사람들에게 전달되는 메시지는 전혀 다른 것이고……. 그래서 그 점에서는 굉장히 고통을 받죠."

악순환. 언론은 대통령이 말하고자 하는 본질을 안 다루거나 해명을 제대로 보도하지 않고, 그러니까 대통령은 직접 국민을 상대로 나서서 '강렬하고 적극적으로' 말하게 되고, 그러면 그것이 또 다른 시비 또는 말실수 논란을 불러일으킨다는 뜻이었다.

"우리 사회 분위기가 내 말을 (본질 그대로) 전달하는 사람을 어용이라고 말하는 그런 분위기가 되었죠, 그렇죠? 그래서 누구도 내 말을 제대로 전달할 수 없죠."

점심식사를 하면서도 인터뷰가 계속됐다. 식사를 마치니 오후 1시 30분. 노 대통령은 "이 위에 경치 좋은 데크가 하나 있습니다. 대통령 전용 전망대니까 그쪽으로 가서 더 이야기를 합시다"라고 말했다. 〈인물연구 노무현〉으로 취재하는 입장에서야 당연히 환영할 일이지만 좀 걱정이 됐다.

한 비서관이 "오늘 너무 많이 말씀을 하시면 피곤하지 않으시겠어요?" 하며 간접적으로 '오늘은 그만' 사인을 보냈다. 나도 "데크에서는 경치나 잠깐 보고…… 지금까지 말씀하신 것만 해도 글로 다 소화하기가 쉽지 않을 것 같네요" 했더니 대통령은 "괜찮습니다. 녹음기는 가져오고"라면서 앞장을 섰다.

청와대 관저 근처 야산에 마련된 데크에 오르자 서울 시내가 한눈에 내려다보였다. 특히 경복궁에서 서울시청에 이르는 세종로 대로가 선명했다.

여기서 보니까 언론사 가운데는 〈조선일보〉 사옥이 가장 잘 보이네요.

"그렇지요. 〈조선일보〉가 제일 잘 보이죠."

〈조선일보〉에서 쓰는 사설, 칼럼은 혹시 보십니까?

점심식사 때 대통령의 말투 이야기를 하고 온 후여서 그렇게 물어봤다. 대통령은 "말씨에서 준비가 안 돼 있었다"라고 했는데, 그런 대통령을 비판하는 일부 보수언론의 글들은 또 다른 막말을 동원할 때가 적지 않았다.

"안 봅니다. 시간이 없어서도 못 봅니다. 아마 (〈조선일보〉와 나 사이에) 갈등이 없어도 시간이 없어 못 볼 겁니다. 주요한 보도 분석과 의미 있는 쟁점 보도를 비서관이 요약해주는데 그런 것은 어느 언론 것이나 봅니다."

그러니까 대통령의 '준비 안 된 말씨'에 대해 언론은 열심히 보도를 하고 문제 제기를 했는데, 언론의 대통령에 대한 '준비된 막말'에 대해서 대통령은 무시를 해왔다는 말이다. 정말 그랬을까? 그런데 설사 대통령은 무시했다 하더라도, 청와대 비서진은 때론 '청와대 브리핑' 등을 통해 직간접적으로 '해도 너무 한다'는 반응을 보였다. 그랬으니 대통령도 어찌 신경을 쓰지 않았겠는가.

노 대통령은 자신이 직접 특정 매체를 찾아보는 것은 〈연합뉴스〉 정도라고 했다.

"인터넷으로 직접 〈연합〉에 들어가 주요 국정 현안에 대한 뉴스를 보는데……. 나한테 좋은 뉴스가 하도 귀하니까 어떨 때 인터넷 신문에 좋은 뉴스가 나오면 우리 비서관이 전문을 뽑아다 주기도 하고. 정신 건강에 좋으라고 그러는가 봐요. 그런 경우 말고는 비서관이 분석 정리한 것으로 하죠."

언론은 기본적으로 비판적이다. 모든 권력에 대해. 그것이 언론의 속성이다. 그래서 권력을 쥐려는 자는 그것을 전제로 일을 벌여야 한다. 때문에 언론 관련 대응은 치밀함을 요구한다.

참여정부평가포럼 연설 전문을 읽어보면 '치밀한 전략'이라는 표현이 많이 나옵니다. 그런데 왜 언론에 대한 대응에서는 좀 더 치밀하지 못하셨나요? 치밀함이 있었다면 언론이 흠잡을 만한 말씀은 안 하게 되고…….

"말과 태도에서 품위가 배어나는 그런 관리를 못했다는 점에 대해서는 나도 뼈아프게 생각합니다. 내가 준비하지 못했던 것이고, 깊이 생각도 안 했던 것입니다. 대통령이 인간적으로 솔직하게 하면 되는 줄로만 알았는데, 링컨이 그렇게 했다고 해서 그러면 되는 줄 알았는데, 국민들이 바라보기에는 뭔가 대통령에게서 '근사하다'는 만족감을 느낄 수 있는, 그런 게 필요했던 것 같습니다."

그러면서도 대통령은 이렇게 되물었다.

"언론과 그렇게 잘 지내던 김영삼 대통령이 막판에 언론에 융단폭격 당하는 걸 내가 봤어요. 김대중 대통령은 처음부터 언론이 못살게 굴었고요. 언론을 다루는 데 달인이라는 그분들도 그렇게 당했는데 나더러 어찌하라고요? 그렇게 비교해야 현실적이지 않습니까?"

현실적인 비교를 하라는 주문에 나는 한참을 답을 하지 못했다. 대통령이 말을 이었다.

"그분들이 정치적으로 언론에 융단폭격 당한 것은 방어를 하지 못했기 때문입니다. 그러나 나는 이만큼이라도 방어를 하고 있지 않습니까? 그래야 나갈 때 걸어 나갈 거 아닙니까? 나는 내 발로 걸어 나갈 겁니다."

언론의 공격과 그에 대한 방어. "내 발로 걸어 나가겠다." 대통령은 이 말을 할 때 목소리를 높였다. 비가 한두 방울 떨어지기 시작했다.

"그만 내려갑시다."

바로 직전까지 강한 말을 하던 대통령은 데크를 내려가기 직전 부드러움의 필요성에 대해 말했다. 항상 상대방을 코너로 모는 승부사의 자세는 의도와 상관없이 상대방에게 불신을 살 수 있다는 거였다.

"내가 하도 직선으로만 하니까 상대방은 계속 나에게 당하는 것만 같고, 또 무슨 해코지하려 하나 불신감을 갖게 되고. 그런데 그런 게 좋은 것이 아니죠. 항상 자기를 코너로 몰아버리는 적수를 누가 좋아하겠습니까? 자기들이 공격하면 한번 얻어맞기도 하고, 좀 살려달라고 찾아오기도 하고 그래야 하는데, 나는 자기들한테 한 번도 살려달라는 소리를 안 했거든."

의외였다. 승부사 대통령은 자신의 강함을 "내 약점"이라고 말했고, 그 "부족한 점을 항상 생각"하고 있었다고 했다. 부드러운 지도자를 부러워하고 있었다.

"다음 대통령은 좀 부드러운 사람이 됐으면 좋겠어요. 그 점이 부족한 것이 내 약점이라고 항상 생각하기 때문에…… 앞으로 우리 정치풍토나 분위기 같은 것을 봤을 때 좀 부드러운 지도자가 대화를 잘해서……."

3장 · 노무현의 정치학 강의

# 정의가 패배하는 것을 인정할 수 없다

"다시 태어나면 대통령 하지 마십시오."

2009년 5월 29일 고 노무현 16대 대통령 영결식에서 한명숙 공동장
의위원장이 눈물로 읊은 추도사의 한 대목이다.

누리꾼 반달 씨는 노 전 대통령의 서거 소식에 "처음으로 후회했습니
다. 대통령으로 뽑지 말걸"이라는 댓글을 〈오마이뉴스〉에 남겼다.

인간 노무현의 비극적 최후는 그가 대한민국의 대통령이 되었다는 점
과 무관하지 않다.

정치인 노무현은 왜 대통령이 되고자 했을까? 인권변호사 노무현이
정계에 입문하고 나서 가장 높은 산을 한번 정복하고 싶다는 본능적
목표였을까. 아니면 그만의 어떤 가치를 실현하기 위해서였을까.

2007년 9월 2일 청와대에서 노무현 대통령과 마주 앉았을 때 이렇게 물었다.


정치인으로서 내가 대통령을 꼭 해봐야겠다, 이렇게 작심하신 이유가 어디에 있었습니까? 국회의원이 더 편할 것 같은데.

"내가 2001년 12월에 공식적으로 대선 출마를 선언하기 전부터 〈시사저널〉이나 〈한겨레21〉 같은 곳에서 여론조사를 하면 선호하는 대선주자 1위로 노무현이 나오곤 했지요."

어느 정도 마음에 두고 있었다는 것이다. 그런데 이어지는 답이 뜻밖이었다.

"결정적인 것은 이인제 씨 때문이죠. 이인제 씨가 2002년 대선 전에 우리 민주당으로 들어오지 않았습니까? 민주당 대선 후보가 되기 위해서였죠. 그때부터 '이거 큰일 났구나' 생각했습니다. 그때 나는 이회창 씨 쪽은 관심이 없었고, 오로지 내 상대는 이인제 씨였어요."

이인제 씨가 민주당의 대선 후보가 되는 것을 막기 위해서 '내가 출마해야겠다'고 생각했다는 것이다. 왜 그토록 이인제 씨를 의식했던 것일까?

"그때 아마 내가 노여움을 가장 많이 가지고 있었을 겁니다. (이인제 씨의 행태를 보면서) 이게 정치냐, 이대로 가도 되냐, 그렇게 노여움을 가지고 있었습니다."

정치인 노무현이 그때 가지고 있었던 분노는 '반칙'에 대한 것이었다.

"경선 불복을 했던 사람이 이번에는 우리 당으로 와서 여기서 또 후보를 하겠다고 하는데…… 그 설명할 수 없는, 이치에 닿지 않는 현상, 그리고 그 현상에 영합하는 많은 사람들의 모임과 세력을 보면서 이게 뭐냐, 이게 정치냐, 이대로 가도 되냐고 분노했지요."

이인제 씨는 1997년 대선에서 한나라당 예비 후보로 나와 당내 경선에서 이회창 후보에 졌다. 하지만 그는 경선 불복을 선언하고 무소속 대통령 후보가 되어 3등을 했다. 이후 2002년 대선판이 무르익자 이번에는 민주당 대선 후보가 되기 위해 민주당으로 입당했다. 당시 동교동계 등 민주당 주류세력은 그에 대한 지지를 선언한 상태였다. 정치인 노무현은 그런 상황을 용납할 수 없었다. 그래서 끝까지 맞섰다.

"내가 이인제 씨와 끝까지 맞섰던 것은 그 사람의 정책이나 기능이나 역량이나 이런 것이 나보다 훨씬 더 처진다는 이유가 아니었습니다. 그가 원칙을 유지하지 않았기 때문이지요. 3당 합당 때 YS를 따라간 것이나 경선 불복한 것, 그리고 다시 보따리 싸고 당을 나와서 이전해 온 것, 이런 것들이 정치윤리상으로 하나도 설명할 수 없다는 것이죠."

정치인 노무현은 '이인제를 이기기 위하여 전력투구'했다. 노사모 바람이 미풍에서 열풍으로 바뀔 때 그는 대통령으로 가는 길에 도전하는 것 자체에 부담감을 느끼기도 했지만 '이인제를 두고 볼 수 없어서' 최선을 다해 그 길을 갔다고 했다.

"노사모가 점점 커지더니 나중에는 회원들이 자기 식구와 아이들을 데리고 나오더라고요. 그러니 부담이 점점 커지기 시작했어요. '야,

이게 진짜, 중간에 포기하고 도망가버릴 수도 없고, 이게 보통 문제가 아니구나.' 누구하고 지고 이기는 문제가 아니고 이게 보통 문제가 아니라는 생각에 부담이 팍 생기기 시작했어요. 그래도 이인제 씨 때문에 끝까지 갔습니다."

대통령 노무현은 그때를 돌아보면서 이렇게 말했다.

"웃기는 얘기일지 모르지만 사실 내가 이인제 씨를 이기기 위해서 하다 보니까 대통령이 됐다고 말할 수 있어요."

이인제 씨가 역사적 기여를 많이 했네요?(웃음)

"역설적으로 많이 한 셈이죠."

정치인 노무현은 왜 그토록 이인제 씨를 싫어했을까? 그것은 단순한 라이벌 게임이 아니었다. 그가 분노한 것은 이인제 씨의 행로 자체가 아니라 반칙을 한 사람이 성공하는 것이었다. 또 지도자가 그렇게 만들어졌을 경우 국민들에게 끼칠 영향을 두려워한 것이었다. 대통령 노무현은 이 대목에서 지도자론을 길게 이야기했다.

"우리가 지도자를 얘기할 때 너무 기능적으로 생각하는 경향이 있습니다. 지도자 또는 지배집단이 어떻게 행동하느냐 하는 것은 그 사회의 윤리의식, 가치 형성에 상당히 큰 영향을 끼치게 돼 있어요. 그 윤리와 가치의 핵심이 신뢰입니다, 신뢰."

대통령 노무현은 지도자의 행위가 어떻게 그 사회의 신뢰 수준으로 연결되는지를 설명했다.

"이 신뢰가 굉장히 중요한 것은, 지도자들의 행동에 따라 그 사회 신뢰 수준이 달라질 수 있기 때문입니다. 신뢰가 무너진 사회에서는 약속이 무력화되기 때문에 기능적인 기대도 다 배반될 수밖에 없습니다. 우리가 지금 정치에서 서로 대화가 잘 안 되고 조정이 잘 이루어지지 않는 이유는, 서로 양보할 수 없는 이해관계로 인한 갈등도 한몫하지만 신뢰의 문제가 굉장히 크게 자리 잡고 있습니다."

그는 정치인의 기회주의가 그 신뢰 파괴의 주범이라고 했다.

"그런데 그 신뢰를 파괴하는 결정적 계기가 기회주의입니다. 정치는 대의를 말하는 직업인데, 입으로는 대의를 말하면서 그 행동은 자기 개인의 이익을 좇아가고 있을 때, 그런 기회주의적 행태를 보일 때 신뢰가 무너지는 것이죠."

그 결과는 무엇일까? 기회주의적 지도자는 기회주의적 국민을 만들어낸다고 했다.

"신뢰를 잃은 지도자가 갈등을 조정하고 사회적 합의를 이끌어낸다는 것은 불가능한 거죠. 더욱이 그 사회 사람들의 가치의식과 윤리를 파괴하게 되는 것이죠. 그래서 사람들이 전부 다 이제 힘센 자에게 줄을 서고, 힘센 자 편에 가담하고, 속이려고 하고, 연고를 가지려고 하고…… 전부 비합리적인 행동을 하게 되거든요."

대통령 노무현은 "그래서 보수적인 지도자냐, 진보적인 지도자냐를 따지기 전에 신뢰할 수 있느냐가 중요하다"면서 "그것이 이인제 씨의 정책이나 역량을 떠나 내가 그에게 끝까지 맞섰던 이유"라고 했다. 지도자가 원칙을 지켜서 신뢰를 만들어야 한다는 것이 그의 신념이었다.

"내가 그런 신념을 갖게 된 것은, 내 개인사에서 비롯된 것이기도 합니다. 3당 합당 때 YS와 결별하고 그동안 겪었던 인생이 하도 험악했기 때문에, 그 험악한 가운데서도 나 스스로 원칙을 유지해왔던 그 개인사적인 경험 때문에 이런 신념에 집착하는 건 사실입니다. 그러나 나는 이것이 객관적이고 보편적인 가치라고 생각하고 있습니다."

2007년 대선에서도 현직 대통령 노무현은 유독 특정 후보를 공개적으로 비판했다. 상대는 손학규 씨였다. 한나라당 경선을 앞두고 이명박 후보에게 승산이 없자 민주당으로 옮겨 대선 예비 후보에 출마한 손학규. 정치인 노무현의 눈에 그는 기회주의자일 뿐이었다. 그에게 2007년의 손학규는 2002년의 이인제였던 것이다.

그는 손학규의 선택과 이를 둘러싼 '기회주의적 현상'을 비판했다.

"옛날에 YS의 3당 합당을 그렇게 입에 거품을 물고 비판하던 사람들이 지금 손학규 뒤에 가서 줄 서 있는 거 보면 그거하고 이거하고 뭐가 다릅니까? 나는 그런 것을 쳐다보고 이제 속이 타는 거지요. '지금 뭐하고 있는 거야?'"

원칙을 중시한 정치인 노무현은 그렇게 반칙을 싫어했다. 그보다 더 싫어한 것은 반칙하는 자가 성공하는 모습을 보는 것이었다. 그는 '정의가 승리하는 것'을 보고 싶었다. 그래서 그는 반칙한 이인제를 패배시키기 위해 2002년 대선 출마를 결심했다.

노무현은 2001년 12월 10일 서울 힐튼 호텔에서 대선 출마를 공식

선언했다. 출마 선언 연설의 핵심은 "비겁한 교훈을 가르쳐야 했던 우리의 600년 역사를 청산해야 한다"는 것이었다.

600년 동안 한국에서 부귀영화를 누리고자 하는 사람은 모두 권력에 줄을 서서 손바닥을 비비고 머리를 조아려야 했습니다. 그저 밥이나 먹고 살고 싶으면 세상에서 어떤 부정이 저질러져도, 어떤 불의가 눈앞에서 벌어지고 있어도, 강자가 부당하게 약자를 짓밟고 있어도 모른 척하고 고개 숙이고 외면해야 했습니다.

눈 감고 귀 막고 비굴한 삶을 사는 사람만이 목숨을 부지하면서 밥이라도 먹고 살 수 있었던 우리 600년의 역사, 제 어머니가 제게 남겨주셨던 가훈은 '야, 이놈아, 모난 돌이 정 맞는다. 계란으로 바위치기다. 바람 부는 대로 물결치는 대로 눈치 보면서 살아라'였습니다.

1980년대 시위하다가 감옥 간 우리의 정의롭고 혈기 넘치는 젊은 아이들에게 그 어머니들이 간곡히 타일렀던 그들의 가훈 역시 '야, 이놈아, 계란으로 바위치기다', '그만둬라', '너는 뒤로 빠져라'였습니다. 이 비겁한 교훈을 가르쳐야 했던 우리의 600년 역사, 이 역사를 청산해야 합니다. 권력에 맞서서 당당하게 권력을 한번 쟁취하는 우리 역사가 이뤄져야만이 이제 비로소 우리의 젊은이들이 떳떳하게 정의를 이야기할 수 있고, 떳떳하게 불의에 맞설 수 있는 새로운 역사를 만들어낼 수 있습니다.

우리 어머니들의 '비겁한 교훈'을 당당한 교훈으로 바꿔보자는 것이었다. '떳떳하게 정의를 이야기할 수 있는' 정의가 승리하는 사회를 만들자는 것이었다.

정의가 승리하는 사회. 노무현은 스스로 대통령에 당선되어 그것을 증명하고자 했다. 고졸 출신 변호사로 정계에 입문했던 비주류 정치인, 어려움 속에서도 원칙을 지켰던 그가 대통령 자리에 오름으로써, 정계 최고의 성공을 보여줌으로써, 젊은이들과 아이들이 '떳떳하게 정의를 이야기'할 수 있는 사회를 만들고자 했다.

정치인 노무현이 정의가 성공하는 사회를 얼마나 갈망했는지는 그가 미국 대통령 링컨(Abraham Lincoln, 1809~1865)을 열애한 이유에서도 나타난다. 그는 대선 출마 선언 한 달 전인 2001년 11월에 펴낸 책 《노무현이 만난 링컨》(학고재)의 서문 '왜 다시 링컨과 만나야 하는가'에서 이렇게 적었다.

링컨이 새롭게 다가오기 시작한 것은 정치에 입문한 뒤였다. 기자를 비롯해 많은 사람들이 존경하는 인물이 누구냐고 물어왔다. 이 질문을 받을 때마다 나는 어떻게 대답할까 고민했다. 나의 답은 다른 이들도 흔히 꼽는 것처럼 김구(金九) 선생이었다. 김구 선생은 생을 마칠 때까지 뜻을 굽히지 않고 지조를 지킨 지사였기 때문이다. 우리 한민족에게 벗어나기 힘든 운명처럼 다가온 분단에 끝까지 맞선 분이 김구 선생 아닌가. 누구나 존경하고 나 역시 그랬다.

그러나 김구 선생을 생각할 때마다 '우리 근현대사에서 존경할 만한 사람은 왜 패배자밖에 없는가?' 하는 의문이 뇌리를 떠나지 않았다. "그는 왜 패배했는가? 역사에서 올바른 뜻을 가진 사람은 왜 패배하게 되는가?" 이런 질문은 '우리 역사에서는 정의가 패배한다'는 역설적 당위로 귀착됐고, 나는 그것을 도저히 인정할 수 없었다. 패배하는 정의의 역사.

정의가 패배하는 것을 도저히 인정할 수 없었던 그는 김구 대신 다른 인물을 찾아 나섰다. 정의가 승리하는 것을 보여주는 자, 성공한 김구를 찾아 나섰다. 원칙을 지켰으나 거듭 패배자가 된 당시의 그로서는 절박한 것이었다.

노무현이 링컨에 반하게 된 것은 2000년 4월 13일, 국회의원 총선 개표가 진행되던 날 밤이었다. 당시 그는 지역주의 타파를 부르짖고 민주당 후보로 부산에서 출마했다. 그런 그가 개표의 밤에 패배를 예감하며 우연히 접한 《세계를 감동시킨 위대한 연설들》(《월간 조선》 2000년 4월호 별책 단행본)이라는 책을 통해 링컨을 만난다. 서문 '왜 다시 링컨과 만나야 하는가'를 이어서 보자.

정치현실에서 나는 늘 쫓기는 입장이었다. 나의 결정이 올바른 선택이라는 이야기를 항상 들었지만 1992년 총선에서도, 1995년 부산시장 선거에서도, 1996년과 2000년 총선에서도 계속 떨어졌다. 당에서도 힘없는 비주류였다. 나는 초심으로 돌아가서 물었다. '옳다는 것이 패배하는 역사를 가지고, 이런 역사를 반복하면서, 아이들에게 옳은 길을 가라고 말하고 정의는 승리한다고 말하는 것은 얼마나 공허한가?' 이 자문의 틈을 자연스레 비집고 올라온 것이 링컨이었다.

링컨은 노무현에게 위안이 되기도 했다. 원칙을 지키지만 거듭 패배하는 비주류 정치인 노무현에게 링컨이 대통령에 당선되기 전에 걸었던 긴 패배의 길은 위안이 되었다. 그는 링컨 패배의 역사를 서문에서 이렇게 정리했다.

우리는 링컨이 능력 있고 현명하고 따뜻한 사람이었지만 실패와 약점도 많았음을 결코 잊어서는 안 된다. 그는 스물두 살 때 처음 일리노이 주의원에 도전했으나 패배했고, 재수해서 주의원이 되었다. 서른다섯 살에 연방 하원의원에 도전할 때는 공천조차 받지 못했고, 그 2년 뒤에도 마찬가지였다. 1846년에 비로소 연방 하원의원에 선출됐다. 임기를 마친 후 대통령에 당선되는 1860년까지 11년 동안의 정치 도전은 모두 실패로 점철된다. 1849년 테일러 대통령에게 국토관리 청장직을 신청했으나 거절당했고, 1855년에는 연방 상원의원에 낙선했다. 1856년 부통령 후보에 낙선했고, 대통령에 당선되기 2년 전에는 또다시 연방 상원의원 선거에서 낙선했다.

그런 링컨은 미국의 16대 대통령이 되었고, 노예해방이라는 정의를 위해 싸워 이겼으며, 남북전쟁 후에는 갈라졌던 국가를 통합하기 위해 관용의 정신으로 패자를 감싸 안았다. 그는 미국인을 대상으로 한 각종 여론조사에서 존경하는 대통령 1위로 꼽히곤 한다. 역사적 평가에서도 승리한 것이다.

정치인 노무현은 패배를 딛고 정의의 개념을 내세워 승리한 링컨을 통해 "자신감과 용기를 얻었다."

> 내가 존경할 만한 인물은 누군가? 동서고금을 막론해 인류가 부정할 수 없는 정의의 개념을 내세워 승리하고, 바른 역사를 이루어낸 사람이어야 하지 않을까. 앞으로 천 년이 지나도 부정하기 힘든 '정의'라는 주제를 가지고 역사를 일군 사람. 그래서 인류에게 '정의가 승리한다'는 희망을 제시한 사람이어야 마땅하다는 생각을 했다.
>
> 이 모두에서 성공한 사람이 링컨이었다. '정의는 항상 패배한다'는 것이 가당찮은 역설에 지나지 않도록 만들면서 진리를 대하는 사람들의 이중성을 깨끗이 씻어준 본보기는 김구 선생이 아니라 링컨이었다. 나는 훌륭한 역사를 스스로 만들 수 있다는 자신감과 용기를 링컨에게서 얻는다.

결론적으로 노무현은 김구 선생을 뛰어넘는 '한국의 링컨'이 나와야 한다고 했다.

해방 이후의 한국사는 현실주의의 미명 아래 여러 가지 왜곡된 타협을 강요해왔다. 이상이 현실에 굴복하고 현실이 이상을 구박하는 시대를 극복하자면 김구 선생을 뛰어넘는 대안이 나와야 한다.

**정치인 노무현은 스스로 그 대안이 되고자 했다. 그것이 그가 '정치를 하는 이유'였다.**

나는 감히 말한다. '역경 속에서 연마한 건전한 상식'을 가진 링컨이 없었다면 미국의 정치사는 달라졌을 것이라고. '낮은 사람이, 겸손한 권력으로, 강한 나라'를 만든 전형을 창출한 사람. 그가 곧 링컨이다. 그는 옳은 길을 갔다. 정직하고 성실하게 그 길을 가 성공했기에 우리에게 꿈과 희망을 준다.

지난 역사 속에서 우리에게는 '성공하기 위해서는 옳지 못한 길을 가야 하고, 정직해서는 성공할 수 없다'는 그릇된 관념이 형성되어왔다. 이러한 의식, 이러한 문화를 바꾸지 않고서는 한 차원 높은 사회 발전도, 역사 발전도 불가능하다. 이제는 정직하고 성실하게 살아가는 사람, 정정당당하게 승부하는 사람이 성공하는 사회를 만들어야 한다.

인간의 자존심이 활짝 피는 사회, 원칙이 승리하는 역사를 우리 아이들에게 물려주어야 한다. 이것이 나의 간절한 소망이자 정치를 하는 이유이다.

그런 '간절한 소망'을 가진 정치인 노무현은 이 책의 서문을 쓴 지 6년 만에 결국 대한민국 16대 대통령이 되었다. 링컨을 닮고자 했던 그는 공교롭게도 링컨처럼 16대 대통령이었다. 닮은 것은 더 있다. 첫째, 어린 시절에 가난한 환경에서 자랐고, 둘째, 최상급 학교(대학)를 다니지 못했으며, 셋째, 독학으로 변호사가 되었고, 넷째, 몇 차례씩 선거에서 낙선했으며, 다섯째, 재임 중 평가가 그다지 좋지 않았다. 최후까지 닮았다. 한국과 미국의 16대 대통령은 모두 천수를 다하지 못했다. 링컨은 암살을 당했으며, 노무현은 스스로 목숨을 끊었다. 그렇다면 역사적 평가는 어떠한가.《노무현이 만난 링컨》의 에필로그 제목은 '성공한 대통령의 길'이다. 그 첫 대목에서 노무현은 이렇게 적는다.

역사적 인물 링컨에 대해 미국인들은 어떤 평가를 내렸을까? 링컨이 대통령직에 있던 당시, 언론은 종종 링컨을 '독재자, 폭군' 등으로 불렀다. 링컨의 고향인 일리노이 주에서 발행되던 신문조차도 그를 '미국의 공직을 불명예스럽게 만든, 가장 간계하고 가장 정직하지 못한 정치가'로 욕을 했다. 이러한 비난 섞인 평가는 물론 링컨의 반대자들에게서 나온 것이지만, 아무튼 그에 대한 당대의 평가는 결코 호의적인 것이 못 되었다. 링컨의 사후 100년에야 좀 더 나은 평가가 내려졌다.

대한민국 16대 대통령 노무현은 사후 100년에 어떤 평가를 받을까. 〈인물연구 노무현〉을 하고 있는 사람으로서 안타까운 것은 불과 8년 전에 그토록 "간절한 소망"으로 "내가 정치를 하는 이유"를 토해냈던 그가, 정치의 최고봉인 대통령이 되어 임기를 다 채운 그가, 퇴임 직전까지 '시민사회 재조직'을 구상했고 퇴임 후에는 홈페이지 〈사람 사는 세상〉을 만들어 운영했던 그가, 2009년 봄에 검찰 수사를 받으면서 '정치하지 마라'는 글을 썼다는 사실이다.

2009년 5월 23일 새벽 봉하마을 뒷산 부엉이바위에 올랐을 때, 그는 무엇을 생각했을까? 정치를 해야 하는 이유를 누구보다도 절절하게 노래했던 그와 '정치하지 마라'는 글을 쓰고야 말았던 인간 노무현. 45미터 낭떠러지로 몸을 던질 때, 그는 '정의가 성공하는 사회'가 실현될 수 있다는 믿음까지 버린 것일까? 아니면 지금 오지는 않았지만 100년 후에라도 올 수 있으리라는 한 조각 희망을 지녔을까?

# 사람 사는 세상을 위한 역사 이어달리기

2000년 3월 22일 아침 8시, 부산 코모도 호텔 커피숍. 나는 점퍼 차림으로 나타난 노무현 민주당 의원과 마주 앉았다. 서울 종로의 지역구 의원이던 그는 부산으로 지역구를 옮겨 선거에 도전하는 '무모한' 일을 하고 있었다.

그는 "하루하루가 전쟁터 같다"며 차기 대선에 출마하겠다는 속마음을 거침없이 드러냈다. 그러면서 "대통령이란 참으로 복잡한 일들을 처리해야 하는 골치 아픈 자리"이므로 그런 일을 해낼 인물이 되기 위해 "역사적 안목을 기르고 있다"고 했다.

포부는 컸다. 하지만 그가 대통령으로 나서면 그를 지지하겠다고 선언한 노무현계 현역 국회의원은 단 한 명도 없었다.

그렇다면 그때 민주당 국회의원 노무현은 대통령이 되기 위해 누구를 거울삼아 '역사적 안목'을 기르고 있었을까? 해외 인물로는 미국의 16대 대통령 링컨이었다고 정치인 노무현은 나중에 밝혔다. 그렇다면 국내 인물 가운데는? 아마도 김대중 당시 대통령이었을 것이다. 대통령 노무현은 2006년 2월 26일 출입기자들과 취임 3주년 기념 등산을 한 후 점심식사 자리에서 김대중 전 대통령의 역사적 안목에 대해 이렇게 말한 적이 있다.

> 지난 1971년 DJ가 내놓은 4대국 보장론이나 통일정책은 아주 파격적입니다. 우리는 DJ를 최근의 정치인으로 보지만 그가 정치권에 등장해서 1970년에 대선 후보가 되어 1971년 대선 때 제시했던 정책 방향을 그 시대 속에서 보면 아주 천재적인 것들입니다. 그가 당시의 세계 정세를 나름대로 읽고 내놓은 외교통일정책들을 보면 그가 매우 뛰어난 안목을 가진 정치인임을 알 수 있습니다.

이런 평가는 공부를 하지 않고서는 쉽게 나올 수 없는 것이다. 정치인 노무현은 대통령이 되기 위해, 대통령에 필요한 역사적 안목을 갖추기 위해 1970년대 초반까지 거슬러 올라가며 정치인 김대중의 행적을 공부한 것이다.

2007년 10월 20일 〈인물연구 노무현〉 인터뷰의 마지막 날, 청와대에서 노무현 대통령을 만났을 때 그는 김대중 전 대통령에 대해 "그 시기의 가장 탁월한 정치인"이라고 평했다. "아무도 흉내내지 못하는 독보적인 존재"라고 했다.

선수는 선수를 알아본다.

김대중 전 대통령이 국민들 앞에서 오열했다. 정치인 노무현과 영영 이별하는 날, 김대중 전 대통령은 경복궁에서 열린 국민장에 참석해 먼저 떠나버린 후배 대통령 영정 앞에 헌화했다. 그리고 권양숙 여사 등 유족의 손을 잡고 눈물을 쏟아냈다. DJ가 대중 앞에서 펑펑 운 것은 1987년 광주 방문 때 5·18 국립묘지(당시는 망월동 공동묘지)를 참배해 통한의 눈물을 흘린 이후 처음이다. 그는 노 전 대통령의 서거 소식을 접한 날 이렇게 심정을 밝혔다.

"평생 민주화 동지를 잃었고, 민주정권 10년을 같이했던 사람으로서 내 몸의 반이 무너진 것 같은 심정입니다."

내 몸의 반이 무너진 것 같다! 그 표현은 그냥 예의 차원에서 나올 수 있는 것이 아니었다. 그것은 김대중 전 대통령이 평소에 노무현 대통령을 어떻게 평가했는지를 가늠하게 해준다.

사실 김대중과 노무현은 떼려야 뗄 수 없는 관계다. 한나라당이 그 두 정치인이 만들어낸 정권에 대해 '잃어버린 10년'이라고 한 묶음으로 보듯이, 그들은 한국 정치의 한 산맥을 만들어냈다.

그렇다면 보수언론으로부터 '준비 안 된 대통령'이라는 비판을 자주 들었던 노무현에게 바로 전임이었던 '준비된 대통령' 김대중은 어떤 존재였을까?

이 점은 예전부터 궁금했는데요. 노무현 대통령께 김대중 대통령은 어떤 존재 인가요? 믿음직한 큰형님일 수도 있고, 때로는 질투의 대상일 수도 있겠는데 요. (이 질문은 동석했던 황방열 기자가 했다.)

"그분은 그 시기에 가장 탁월한 정치인이었습니다. 지금 보면 완전한 정치인이라고 볼 수 없지만 그 시기에 가장 탁월한 정치인이었다고 말할 수 있습니다. 한 시대의 역사적 가치의 상징이었죠. 민주주의라 는 역사적 가치의 상징이었습니다. 그분을 평가할 때 그 점을 우리가 인정하고 시작해야 합니다. 칭찬을 하든 비판을 하든 그 기본적인 전 제를 먼저 우리가 인정하고 들어가야 합니다."

노무현 대통령은 청와대에 들어와 보니 김대중 전 대통령의 진가를 알 수 있었다고 했다.

"김대중 대통령은 아무도 흉내내지 못하는 독보적인 존재였습니다. 퇴임 5년이 지난 지금 이런저런 평가들이 있지만, 내가 청와대에 들 어와서 보니 이 정부의 구석구석에 김대중 대통령의 발자취가 남아 있었습니다. 내가 창조적인 것이라고, 처음 시작한다고 생각하고 들 어가 보면, 김대중 대통령의 발자취가 있더란 말입니다. 그런 것이 한 두 개가 아니고 상당히 많습니다. 정부 혁신 부분에도 그런 것이 있 고, 내가 가치 있게 생각하는 모든 것에."

머리를 빌려서 하는 지도자와는 다르다고 했다.

"아까 곳곳에 그분의 발자취가 남아 있다고 내가 말했는데, 그렇게 말할 수 있는 것은 그분 스스로 비전과 전략, 정책에서 역시 탁월한 대통령이었기 때문입니다. 대강대강 주변의 학자들이 적어준 것이 아니라, 머리를 빌려서 하는 것이 아니라, 그것과는 차원이 다른 수준입니다. 한 수준을 뛰어넘는 거죠. 머리를 빌려서 하는 지도자와는 다릅니다. 말하자면 철학과 가치, 전략, 정책 모두 탁월한 정치인입니다."

노 대통령은 참여정부평가포럼(2007년 6월 2일) 연설에서도 김대중 대통령을 높이 평가했다.

> 해외 다니면서, 외교하면서 제가 받은 느낌인데요, 한국이 국제무대의 당당한 일원으로 등장한 때는 국민의 정부부터입니다. 지도자의 정통성이 국가 위신에 미치는 영향이 굉장히 크다는 것을 많이 실감하고 다닙니다. 제가 국민의 정부의 정책을 다시 한 번 평가해보면서 과연 지도자의 자리는 머리를 빌려서 할 수 있는 자리가 아닌 것 같다, 해박한 지식, 지식과 정보에 대한 탐욕, 깊이 있는 사고력, 잘 정리된 가치와 철학이 꼭 필요한 자리인 것 같다, 저는 그렇게 느끼고 있습니다.

노 대통령은 'DJ는 천재'라는 표현까지 썼다. 2006년 2월 26일 청와대 출입기자와 취임 3주년 기념 오찬을 하면서 기자들에게 '천재성 탐구'를 권했다.

내가 그동안 부품소재 산업에 대해 많이 떠들었는데 알고 보니 지난 2001년에 DJ가 법까지 다 만들어놓았더군요. 손댈 만한 것은 대개 한 번씩 손질을 해두었더군요. DJ 시절 일어났던 시스템의 정리나 정책 시스템의 과정들을 한번 연구해보면 좋겠다는 생각도 들었습니다. 또 다른 DJ의 면모를 볼 수 있을 것입니다. 정치의 천재 DJ가 아니라 정책에 있어서도 천재성을 탐구할 필요가 있습니다. 그 양반은 총체적인 능력, 역량이 천재급 정치인입니다.

김대중 지지자들은 그를 '선생님'이라 부른다. 그런데 노 대통령은 그날 오찬에서 웃으면서 기자들에게 이렇게 말했다.

(야당 시절) 당내에서 DJ는 '교사(教師) 정치인'이었습니다. 대정부 질문을 앞둔 의원들을 다 모아놓고 강연을 했어요. 내용은 물론 질문 기법까지 세세하게 가르쳤습니다.

탁월한 대통령, 탁월한 정치인, 정치의 천재이자 정책의 천재.
김대중 전 대통령에 대한 노 대통령의 평가는 그렇게 여러 자리에서 주저 없이 나왔다. 그에 대한 인물 탐구, 공부가 되어 있기에 가능한 것이었다. 노 대통령은 자신이 그렇게 평가하는 김대중 전 대통령에 대해 일부 지역에서는 감정과 선입견에 의해 평가를 하는데 그것은 옳지 않다고 했다.

"보통 그분을 비판적으로 평가하는 사람들은 그분에 대한 감정을 먼저 앞세웁니다. 옛날에 박정희, 전두환, 노태우 시절에 만들어놓은, 특히 〈조선일보〉가 만들어놓은 그런 선입견을 먼저 내세웁니다. 그래서 '빨갱이, 거짓말쟁이 아니냐?' 그러는 거죠. 우리 고향에서는 그분을 빨갱이, 거짓말쟁이, 전라도, 이 세 가지를 가지고 판단을 합니다. 그렇게 판단을 해서는 안 됩니다."

그는 전직 대통령에 대한 평가는 큰 틀에서 공정하게 이뤄져야 한다고 했다.

"일부 386세대가 그분을 볼 때도 반칙이 많지 않았느냐, 정치적인 술수라든지 권위주의라든지 그런 것들이 있지 않았느냐고 볼 수도 있지만 한두 가지 상황들, 몇몇 실책들만 가지고 지도자를 평가하는 것은 충분하지 않습니다. 나는 그렇게 생각합니다. 공정하게 평가를 해야지요."

물론 김대중 전 대통령도 '시대의 한계'가 있었다고 했다.

"하지만 그분도 사람입니다. 역사적 한계를 뛰어넘지는, 시대적 한계를 뛰어넘지는 못합니다. 그래서 (열성적 지지자도 많지만) 권위주의적이라고, 권모술수를 부린다고 욕도 많이 먹었습니다. 그분이 (정계은퇴 선언 번복 등의 경우처럼) 그렇게 욕먹는 일을 하지 않았더라면, 정권 교체도 없었고 대통령이 되지도 못했을 것입니다."

김대중 전 대통령에게 섭섭한 대목은 없었을까? 그는 1987년 양 김씨(김대중-김영삼)의 분열, 후보 단일화 실패에 대해 "동의할 수 없다"고 했다.

"내가 하나, 지금도 동의할 수 없는 것은 1987년 대선에서 YS하고 후보 단일화에 타협하지 않았다는 것입니다. (당시 집권당인 노태우 후보에) 이길 방법이 없으면 그랬어야 하는데, 타협했어야 하는데……."

그는 덧붙였다.

"그때 생긴 일 때문에 (영호남의 민주화 세력이) 분열됐고, 나는 그 분열의 상처를 한번 꿰매보려고 나름대로 정치에서 필사적인 노력을 했습니다. 하지만 아직 성공을 못하고 있습니다. 나한테는 그분의 공과(功過) 모두 거울일 뿐입니다."

그렇다면 왜 그렇게 노무현 대통령은 김대중 전 대통령을 높이 평가했을까? 참여정부가 집권 초에 국민의 정부의 대북송금 건을 특검으로 수사할 때만 해도 전현직 대통령 사이에 긴장감이 팽팽했는데…….

아마도 같은 팀이 되어 역사 이어달리기를 하고 있다는 인식을 함께하고 있기 때문이 아닐까? 앞 주자의 성과가 곧 자신의 성과로 이어지고 있음을 확실하게 느꼈기 때문이리라.

"국가 운영의 전략적 관점이랄까, 국가 운영의 시스템에 대해 상당히 전략적 관점으로 접근한 것이 국민의 정부 때부터입니다. 그전 김영삼 정부 때는, 물론 제도 개혁도 일부 있었지만, 주로 단발적 개혁이 많았고 정부의 시스템 자체를 놓고 개혁을 한 것은 없었어요. 그러니까 김대중 대통령의, 뭐랄까, 사고의 깊이라고 할까요? 그 사고력의 수준만큼 국가 운영 시스템이 개혁된 것입니다. 이제 우리 정부에 와서는 내가 또 그쪽에 취미가 있으니까 정부 혁신을 미시적인 부분까지 5년 내내 진행했지요."

노무현 대통령은 이어달리기 게임의 본질을 정확히 알고 있었다. 그래서 솔직했다. 2007년 6월 참여정부평가포럼 연설에서도 그는 상당한 시간을 할애해 국민의 정부 덕분에 참여정부가 열매를 따고 있다고 강조했다.

경제정책의 성과가 성장률로 나타나는 데는 오랜 시간이 걸리게 돼 있습니다. 우리가 지금 먹고 살고 있는 반도체, 휴대폰, 그 밖에 여러 가지 수준 높은 기술들은 우리 정부에서 만든 것이 아닙니다. 지난해 수출 3000억 불을 초과 달성한 것도 다 이전 정부에서 준비하고 성장시켜온 것들을, 저희 정부에서 열매를 따고 있는 것입니다.

또 국민의 정부 때문에 진보의 정책이 채택될 수 있었고 라면 사재기가 없는 사회가 됐다고 했다.

국가 발전 전략의 전환은 국민의 정부에서 시작됐습니다. 자유와 인권이 신장되고 국가인권위원회, 국가청렴위원회 설치 등 많은 진보가 있었습니다. 그리고 국민의 정부에서 복지정책의 토대가 구축됐습니다. 생산적 복지의 개념을 도입했습니다. 바로 국민의 정부가 진보의 정책을 채택한 것이고, 그 국민의 정부가 시장경제를 강조함으로써 시장경제와 진보정책의 조화를 시도했습니다. 그리고 평화주의 전략, 포용정책을 통해 안정과 활력을 조화시켰지요. 그래서 라면 사재기, 방독면 사재기와 같은 얘기는 국민의 정부 이래 지금까지는 없지 않습니까?

노 대통령은 아예 "참여정부와 국민의 정부는 똑같다"라고까지 했다.

참여정부는 진보를 지향하는 정부입니다. 참여정부는 역시 평화를 지향하는 정부입니다. 국민의 정부하고 똑같습니다.

그러면서 곧바로 이런 농담을 해서 청중의 웃음을 자아냈다.

좀 다른 게 있어야 하는데…….

인간인 이상 질투를 느낄 만할 것이다. 보수언론으로부터 준비 안 된 대통령이라는 말을 밥 먹듯 들은 노무현 대통령이, 준비된 대통령이라는 별명을 얻고 노벨평화상을 받을 정도로 국제적 명성을 얻은 김대중 전 대통령에 대해 어찌 질투심이 없겠는가? 형제간에도 그런 것이 있을진대.

그러나 전임 대통령을 평가하는 노무현 대통령의 표정과 말투에서 나는 그것을 조금도 발견하지 못했다. 그는 질투보다 공부를 택했다. 그는 대통령이 되어서도, 퇴임 직전에도 계속 대통령학을 공부하고 있었다. 왜 그랬을까? 2000년 대권 도전 선언 인터뷰를 하기 위해 부산의 한 호텔에서 마주 앉았을 때, 그가 대통령을 하기 위해 "역사적 안목을 기르고 있다"라고 한 말이 떠올랐다.

역사적 안목을 갖춘 두 사람은 이어달리기를 하고 있었다. 두 정치인은 한 팀이었다. 역사 이어달리기에서 자기 시대에 다가온 책무와 도전을 회피하지 않았다. 국민의 염원을 안고 한 방향으로 달렸다. 김대중은 정권 교체, 평화 통일의 염원을 안고, 노무현은 특권 없는 사회, 지역주의 없는 사회를 만들기 위해 달렸다. 진보적 민주주의라는 한 길 위에서였다. 두 사람은 역사와의 대결에서 한 몸이었다.

때문에 김대중 전 대통령이 바보 노무현의 죽음을 접하고 "내 몸의 반이 무너진 것 같은 심정"이라고 한 것은 과장이 아니었다.

그런데 그는 이명박 정부의 반대로 바보 노무현의 영결식장에서 추도사를 하지 못했다. 아마도 그 '똑똑한 김대중'의 한평생에서, 초등학교 시절까지 거슬러 올라가서 자신이 뭔가 대중 앞에 글을 써서 발표하려고 하는데 '자격 미달'이라고 거절당한 것은 이번이 처음이지 않을까 싶다. 영정 뒤에 잠들어 있던 노무현 전 대통령은 자신이 그토록 '당대의 가장 탁월한 정치인'이라고 칭송했던 김대중 전 대통령이 추도사도 마음대로 하지 못하는 것을 보고 뭐라 생각했을까?

이명박 정권은 그런 식이다. 한 전직 대통령이 정치 보복 논란 속에 저세상으로 갔는데, 또 다른 노(老) 전직 대통령에게는 추도사도 못하게 하는 모욕을 안겨준다. 왜 그런 무리수를 둘까? 김대중-노무현 이어달리기 모습을 국민에게 보여주는 것이 두려워서였을까?

그들은 모르나 보다. '사람 사는 세상'을 향한 역사 이어달리기, 그 길에 함께하는 이들은 두 전직 대통령만이 아님을.

노무현은 김대중을 공부했다. 이제 살아남은 자 누군가가 노무현을 공부하고 있을 것이다.

# 비대해진 언론권력에 맞서다

진짜 대통령 하길 잘했다, 이렇게 느끼실 때는 언제였습니까?

"당선되었을 때입니다. 대통령에 당선되었을 때."

대통령 노무현은 덧붙였다.

"그런데 내가 미안하게 생각하는 것은……."

2007년 가을, 퇴임을 6개월여 남겨둔 대통령은 집권 기간을 되돌아보며 그를 당선시킨 지지자들에게 미안하다고 했다.

"지금 내가 그 당선의 의미를 충분히 살려내고 있느냐, 그 점이 큰 부담이죠. 내가 당선되는 과정에서 일어났던 시민들의 역동적인 결집, 뭐 이런 것이 있었는데……. 나는 그 사람들이 가치 있다고 여기는 것을 하기 위해 많은 노력을 했다고 생각합니다. 그러나……."

대통령은 고백하듯 말했다.

"그 초기의 대중의 역동성을 챙겨오지 못하고……. 제일 아쉬운 것은 그 사람들의 기대와 활력, 자신감 같은 것을 지금까지 유지하지 못한 것이……."

그러면서 대통령 노무현은 이렇게 말했다.

"지난 5년간의 투쟁에서 가장 큰 장애는 야당이 아니고 조중동이라고 생각합니다."

대통령은 그렇게 단언했다. 보수언론과의 불화는 익히 알고 있었지만, 그것을 '5년간의 투쟁에서 가장 큰 장애'라고까지 말하는 것을 듣자니 새롭게 다가왔다.

"그 전쟁에서 승리하지 못한 것이죠. 그럭저럭 정책은 했습니다만. 역사 투쟁이라고 말할 수도 있고, 기세 싸움에서 (조중동 때문에) 우리 세력의 사기를 돌려놓지 못했죠."

지지자들마저도 조중동의 논조 때문에 힘을 쓰지 못했다는 것인가요?

"그렇죠. 말하자면 (참여정부가 무엇을 하고 있는지에 대해) 의미 전달이 제대로 될 수가 없었습니다."

노무현 대통령은 참여정부평가포럼(2007년 6월 2일) 연설에서도 언론 때문에 참여정부가 많이 흔들렸다고 했다.

참여정부가 그동안 많이 흔들렸습니다. 지금도 흔들리고 있습니다. 끊임없이 참여정부를 흔들고 깎아내리는 사람이, 언론이 있습니다. 여론이 또 그런 언론을 따라갑니다. 참여정부에 참여했던 사람들 중에도 여기에 동조하는 사람들이 있습니다. 그러니까 흔들리는 것이지요.

그러면서도 그는 이렇게 말했다.

먼 후일 저는 참여정부에서 가장 보람 있는 정책이 무엇이냐고 물으면 언론정책, 언론대응이라고 말할 것입니다. 물론 역부족이고 한계는 분명하지만, 그러나 매우 중요한 일이고 상당한 진보를 거둘 것입니다. 민주주의의 진보에 꼭 필요한 과정입니다.

"5년 동안 가장 큰 장애는 조중동이었고, 가장 보람 있는 정책은 언론정책이었다."
이 말은 노 대통령이 집권 기간 중 언론에 얼마나 신경을 썼느냐를 잘 보여준다. 그는 "이 전쟁에서……"라고 표현했다. 그 표현은 과한 것이 아니었다, 적어도 그 전쟁의 역사를 알고 있는 사람들에게는. 그 전쟁의 의미를 제대로 알기 위해서는 뿌리부터 파볼 필요가 있다. 거기에 바보 노무현, 정치인 노무현의 생얼굴이 있기 때문이다.
대통령 노무현과 보수언론과의 5년 전쟁, 그것의 뿌리는 깊고 깊었다. 정치인 노무현과 조중동과의 싸움은 멀리 1991년 11월로 거슬러 올라간다. 노무현과 조선일보사 사이에 법적 소송이 벌어진 때다. 시대적 배경은 1990년 YS가 주도한 보수 3당 통합 1년 후이다. YS의 권유로 정치권에 입문한 노무현은 YS를 따라 3당 통합에 합류하지 않았고, 이기택 의원 등과 함께 이른바 '이기택 민주당'에 남았다가 DJ계의 신민주연합당에 합류한다. 노무현 의원은 민주당이라는 당명을 쓴 그 통합야당의 대변인을 맡았다.

조선일보사가 발행하는 〈주간조선〉은 '통합야당 대변인 노무현은 과연 상당한 재산가인가'(1991년 10월 6일자)라는 제목으로 노무현을 음해하는 기사를 실었다. 그러자 정치인 노무현은 한 달간의 고민 끝에 명예가 훼손당했다며 민사소송을 제기한다. 어떤 기사였기에 그랬을까? 당시 〈주간조선〉 기사의 한 단락을 읽어보자.

'상당한 재산'과 함께 구설수에 올랐던 노사분규 과정의 '재미'도 약간의 실체가 드러났다. 소문은 노 의원이 노사분규를 조정하면서 노(勞)와 사(使) 양쪽에서 돈을 받았다는 것인데, 이 점에 대해 노 의원은 사용자로부터 2천만 원을 받은 적이 있다고 시인했다. 기자가 몇 개 기업체 이름을 거론했지만 그는 회사 이름을 밝힐 수 없다면서 이렇게 말했다.

"3당 합당 전 민주당 시절의 일이다. 동료의원 한 명이 김영삼 총재의 직접 지시라면서 나에게 어느 기업의 노사분규를 중재해달라고 하였다. 나중에 YS의 지시가 아닌 줄 알았지만, 어쨌든 중재를 했다. 그 후 그 의원이 누구를 만나자고 해서 누구를 만났더니 그 의원과 나에게 봉투를 하나씩 주었다. 받아보니 2천만 원이 들어 있었다. 한동안 우물쭈물하다가 이름을 밝히기 곤란한 어느 사회단체에 기증했다. 그러고 나서 그 일을 잊어버리고 있는데 그 기업에서 부탁이 들어왔다. 아차 싶어, 형에게 2천만 원을 급히 빌려 기업체에 돌려주고 말았다."

**이에 대한 노무현의 당시 반론은 이랬다.**

노무현이 어느 기업가로부터 돈 2천만 원을 받았다가 뒤에 돌려주었다는 보도는 사실이다. 그러나 '재미'나 양쪽으로부터 돈을 받았다는 사실은 전혀 허위다. 1년 전 기자 우종창의 집요한 재산조사가 끝난 뒤 그가 조사한 바에 따르면, 소문은 사실이 아니며 보도할 만한 자료가 되지 않는다고 말했다.

그때 다른 잡지와의 인터뷰에서 밝힌 사용자 측의 로비 사례를 들어 나 스스로 "돈에 대해선 까다롭고 깨끗하게 처신해왔다"는 취지로 이 얘기를 들려주면서 눈먼 돈도 거저 삼키지 못하는 주제에 내가 무슨 부정을 해서 부자가 되었겠냐고 반문한 적이 있다. 그는 이 이야기를 마치 노·사 양쪽으로부터 돈을 받아왔으며 '약간의 실체'를 드러냈을 뿐 '상당한 재미'를 보았다는 식의 허위기사를 작성했다. 이것은 가장 핵심적인 명예훼손이다.

〈주간조선〉 기사의 한 단락을 더 읽어보자.

> 노 의원은 부산대 출신 10여 명이 의식화 활동을 벌인 혐의로 체포,
> 구속된 1982년 '부림사건' 때 처음 시국사건을 맡았다. 이때 노 의원
> 은 변호인으로서 큰 활약을 한 것으로 알려져 있으나, 당시 재판에 참
> 여했던 부산의 한 변호사에 따르면 이는 사실과 다르다는 것이다.
> "부산에서의 첫 시국사건 재판이어서 변호인을 물색하기 어려웠다.
> 선배 변호사가 노 의원에게 참여해달라고 요청했더니 노 의원은 '돈
> 도 되지 않는 사건을 내가 왜 맡아야 하느냐'며 고사했다. 겨우 그의
> 마음을 달래 5인의 변호인 중 한 명으로 참여시켰다. 재판이 끝난 뒤
> 그는 '시국사건은 재미도 없고 끝나도 고맙다는 인사가 없다'고 불평
> 하면서 다시는 맡지 않겠다고 했다. 그는 돈이 되지 않는 사건에는 관
> 심을 보이지 않았다. 1985년 부산 미문화원 방화사건 재판 때 두 번
> 째로 시국사건 변호인이 되었는데 이때도 이름만 걸어놓았지 변론에
> 적극 참여하지 않았다."

**이에 대한 노무현 의원의 반론은 이랬다.**

> 부림사건 당시 난처한 처지에 있던 선배 변호사의 요청을 흔쾌히 수
> 락하고 열심히 하였다. 이는 부림사건 관련자들이 지금까지 나와 밀
> 접한 관련을 맺고 활동 중인 사실이 입증하며, 부산 미문화원 방화사

© 김종구

건의 경우 서울의 이돈명, 황인철, 홍성우 변호사 등 쟁쟁한 분들이 주도하였기 때문에 배우고 관망하는 자세였을 뿐이다.

또한 부림사건 관련 청년학생들이 석방된 이후 1984년부터 본격적으로 노동·인권변론을 맡아 세화상사, 삼도물산, 동국제강, 동성버스, (주)통일 등의 해고무효확인소송과 산재사건 및 학생, 노동자 등의 구속과 관련된 형사사건을 수임하여 처리하였다. 1984년 초에는 공해문제연구소를 발족하였고, 1984년 9월부터 변호사 사무실 내에 노동법률상담소를 자비로 설치·운영하였다. 사건 변론 시 형편이 어려우면 무료로, 수임료를 받더라도 인지대를 포함하여 30만 원을 넘지 않았으며, 이 돈조차 상담소에서 자체 관리하여 부산 지역 인권단체에 지원함으로써 당시 공안기관에서 악명 높은 변호사로 지목받던 상황이었다.

정치인 노무현이 1991년 이 소송을 시작했을 때, 나는 〈월간 말〉 4년 차 기자였다. 나는 그때 노무현 대변인을 두 시간 동안 만나 인터뷰를 하면서 왜 〈조선일보〉가 그렇게 노 대변인에게 불리한 기사를 쓰는 것 같으냐고 물었다.

야당 통합 과정에서 〈조선일보〉가 제대로 예측한 기사를 쓰지 못하자 우리 당의 이기택 대표, 김정길 총무를 차례로 때리더니 내가 대변인이 되니까 악의적인 프로필로 나를 때렸다. 부산 요트클럽 회장이고 상당한 재산가라고……. 그것이 다른 신문에 인용되는 것을 방지하기 위해 내가 각 신문사에 해명서를 보냈다. 그게 아마 〈조선일보〉에 괘씸죄로 걸린 모양이다. 더 길게 뿌리를 더듬어 올라가면 내가 현대중공업 등 노동자들하고 함께한 것, 김영삼 씨가 변절할 때 함께 변절못한 것 등이 있는데…….

그렇게 악연이 생긴 과정을 이야기하던 노무현 대변인은 "또 하나의 악연은" 하면서 이런 이야기를 들려줬다.

또 하나의 악연은…… 지난 3월경 〈조선일보〉 종로 보급소에 있는 배달소년들이 '모닥불회'라는 단체를 만들어 권익 투쟁을 했다. 그러니까 본사에서 해고하고 박해한 일이 있었는지 소년들이 나한테 와서 법적인 상담을 해달라고 해서 한번 보급소에 간 일이 있었다. 그런데 그때 〈조선일보〉 민주당 출입기자가 와서 손을 떼라고 했다. 그래 내가 한마디 했다. '이런 일에 기자는 끼어들지 않는 게 좋겠다'고. 그게 악연이라면 악연이고…….

그 전후 풍경이 그림으로 그려진다. 그러니까 '일개 국회의원' 신분의 노무현이 감히 판매부수 1등 신문의 배달부가 사측을 상대로 권익 투쟁을 하는 데 도움을 준 것이다. 게다가 손을 떼라는 〈조선일보〉 기자에게 "기자는 이런 일에 끼어들지 말라"라고까지 했으니…….

아무튼 노무현 대변인이 한 달간의 고민 끝에 〈조선일보〉와 소송을 하겠다고 하니 당 지도부는 모두 말렸다. 심지어 괜히 〈조선일보〉와 싸움을 하다 당이 상처를 받을까 봐 노 대변인을 희생양으로 삼을 움직임까지 있었다. 조용히 대변인직에서 물러나게 하자는 의견이 일부에서 나온 것이다. 〈월간 말〉 기자였던 나는 "〈조선일보〉와 타협하는 한 방도로 대변인직을 내놓으라고 민주당 지도부가 권한다면 어떻게할 것이냐"고 그에게 물었다.

> 지도부는 '그러면 당이 상처 입는데 어쩌면 좋겠나' 그러는데 그에 대한 내 답은 '당에 부담이 된다면 부담이 안 되는 쪽으로 내 신변을 정리하겠다'는 것이다. 나는 처음부터 정치하려고 이 판에 뛰어든 게 아니다. 강자의 횡포에 맞서다 보니 나도 모르게 정치인이 됐다. 〈조선일보〉가 한 정치인을 공략해서 그 정치인의 정당 생활을 어렵게 한다면 그것은 〈조선일보〉의 또 하나의 부도덕한 행위가 되지 않겠는가.

당시로서는 충격적인 말이었다. 초선 국회의원이 당당하게 "나는 처음부터 정치하려고 이 판에 뛰어든 게 아니다. 강자의 횡포에 맞서다 보니 나도 모르게 정치인이 됐다"라고 하는 것이. 그래서 물었다. "〈주간조선〉을 통해 노 의원 관련 기사를 읽었을 국민들에게 지금 소송을 시작하면서 해주고 싶은 말은 무엇인가"라고.

나의 뜻이 얼마만큼 국민들에게 전달될지 모르겠다. 〈조선일보〉는 스스로 거대한 입을 가지고 있으니까 (내게) 엄청나게 불리한 싸움일 수도 있다. 그러나 〈조선일보〉처럼 부도덕한 언론과 아무도 싸우지 않는다면 누구도 정치를 바로 하지 못할 것이다. 결국 누군가가 상처를 입을 각오를 하고 이런 악의적인 언론의 횡포에 맞서 싸워야 한다. (나는) 정치적으로 상처를 입는 한이 있더라도, 이로 인해 다른 정치인은 조금이라도 피해를 덜 입었으면 좋겠다는 생각이다.

"〈조선일보〉처럼 부도덕한 언론과 아무도 싸우지 않는다면 누구도 정치를 바로 하지 못할 것이다!" 그렇게 말하는 노무현의 당시 나이는 45세였다. 나는 18년 전에 쓴 기사 '노무현과 〈조선일보〉의 명예 싸움'(〈월간 말〉 1991년 11월호)을 보면서 당시를 복기하다가 깜짝깜짝 놀랐다. 그 변하지 않음에. 정치인 노무현은 그 정치 초년병일 때나 대통령 퇴임을 앞둔 때나 '부도덕한 보수언론'을 향한 불타는 적개심을 가지고 있었다.
그때 나는 하도 당당하게 말하는 그에게 "당 지도부 등 주위에서는 '제2의 보복' 가능성을 우려하던데, 보복당하지 않을 만큼 깨끗한가?"라는 질문을 던졌다.

나도 인간이니까, 또 무슨 뒷조사를 해서, 이번에 쓴 것처럼 쓰면 인간의 어떤 사생활도 다 얘깃거리로 만들어낼 수 있을 것이다. 문제는 그런 것이 두려워 몸을 움츠리고 타협하기 때문에 지금까지 권력의 횡포, 강자의 횡포가 가능했다. 문제의 기사를 보고 한 달 반 가까이 고민했다. 어떤 사람들은 경솔하게 싸운 것처럼 말하는데, 비대해질 대로 비대해진 언론의 횡포와 맞서는 것이 좋을까 타협할까를 한 달 이상 고민한 결론이다.

싸울 것인가 타협할 것인가, 그것을 한 달 동안이나 고민했다고 했다. 내가 그때 쓴 10쪽에 이르는 기사의 맨 마지막 문단을 보면 내가 자정을 넘어 노무현 의원 집에 전화를 건 것으로 돼 있다. 낮 시간에 조선일보사와 민주당 관계자들을 취재하고 마지막으로 노무현 의원의 입장을 다시 듣기 위해서였다.

15일 0시 3분: 노무현 의원 집에 전화를 걸었다.

오늘(14일) 이기택 대표 집에 다녀왔다는데 대변인직 사퇴 압력에 대한 소문을 확인했는가?

"그런 압력이 있었다고 들었다. 그래서 이 대표에게 '한 출입기자가 야당의 대변인직을 이래라저래라 할 수 있습니까?'라고 여쭸더니 그냥 쓴웃음을 지었다. 그래서 더 이상 묻지 않았다."

아직도 법적 싸움에 대한 소신에는 변함이 없는가?

"변함없다. 어느 누군가는 비대해진 언론의 횡포에 대항해야 한다."

이렇게 끝맺음을 한 이 기사는 '정치인 노무현 – 기자 오연호' 사이의 첫 인터뷰였다.

정치인 노무현은 1992년 12월 4일 이 재판의 1심에서 이겼다. 법원 (서울민사지방법원 이진영 판사)은 조선일보사 관련자들이 연대하여 노무현에게 2천만 원을 배상하라는 판결을 내렸다. 〈주간조선〉 기사는 근거 없이 "부도덕한 정치인이라는 인상을 주어 명예를 현저하게 훼손했음이 명백하다"고 판결했다. 그러나 노무현은 얼마 후 소송을 취하했다. 승자로서 아량을 베푼 것이다. 그러나 그때의 악연은 질기도록 이어졌다.

"누군가는 비대해진 언론의 횡포에 대항해야 한다." 1991년 11월의 그 결심 때문에 정치인 노무현은 조중동과의 긴 싸움을 시작했다. 그리고 그 싸움은 그가 대통령이 되어서도, 퇴임한 후에도, 자살을 부른 검찰 수사를 받을 때에도 계속됐다. 심지어 그가 이 세상에 없는 지금도 계속되고 있다. 그는 저세상으로 갔지만 그의 가치를 이어가려는 사람들과 보수언론의 싸움은 계속되고 있다.

# 큰 새는 바람을 거슬러 날아간다

1991년 〈조선일보〉와 소송을 하면서 보수언론과 악연을 맺은 초선 의원 노무현은 그로부터 10년 후인 2001년 김대중 대통령에 의해 해양수산부 장관에 발탁됐다. 그때 그는 차기 대선주자로 거론되고 있었다.

2001년 2월 6일 노무현 장관은 해양수산부 출입기자들과 점심식사를 하고 있었다. 이런저런 이야기가 오가다 언론 관련 현안들이 화제에 올랐다. 다음 날 주요 신문들은 노 장관이 "언론과의 전쟁 선포를 불사할 때가 됐다"라고 발언했다고 보도했다. 이삼 일 후 조중동은 '망언' 등의 표현을 써가며 일제히 사설을 통해 노 장관을 비판하고 나섰다. 이런 보수언론의 대공세에 대해 노무현 장관은 어떻게 응전을 할까?

10년 전 〈조선일보〉와 정면대결을 선택한 그를 취재한 기자로서 그것이 궁금했다. 그래서 2001년 〈오마이뉴스〉 기자였던 나는 노무현 장관과 긴급 인터뷰를 했다. 지방 출장을 위해 김포공항 대합실에 있던 그와 전화 인터뷰를 한 것이다. 먼저 "'언론과의 전쟁을 불사해야 한다'고 말한 것으로 보도됐는데, 그런 말을 한 것이 맞는가"라고 물었다.

그 말은 했다. 그 말은 권력이 언론과 전쟁을 하라는 뜻이 아니고 개인 시민이나 정치인이 너무 언론에 굽실거리지 말고, 눈치 보지 말고, 싸울 때는 싸워야 한다는 말이었다. 거기서 전쟁이라는 말은 언론을 억압하거나 박살내기 위한 것이 아니라 언론의 횡포로부터 자유를 찾기 위한 투쟁을 해야 한다는 뜻으로 이야기한 것이다.

당시 〈한겨레〉 정연주 논설위원이 조선·중앙·동아의 사주 횡포를 거론하면서 '조폭적 언론'이라고 표현해 언론계에서 회자된 적이 있었다. 나는 "노 장관이 '언론과의 전쟁 불사'를 말할 때 범위를 좁혀 '조폭적 언론과의 전쟁 불사'라는 표현을 썼으면 진의를 좀 더 잘 전달했을 텐데"라며 "거대 신문사들이 '조폭적'(조직폭력배적)이라는 정연주 논설위원의 성격 규정에 대해 어떻게 생각하는가"라고 물었다.

정말 공감한다. 내가 '언론과의 전쟁 불사' 발언을 할 때 잊어버리고 그 '조폭적'이라는 말을 안 했다. 공감한다, 정말. 왜냐하면 언론이 사회의 보편적인 공론을 형성하지 않고 자기 마음에 안 드는 사람들에게는 몰매를 내리치고 있지 않은가? 밉게 보인 사람들은 사석의 시시콜콜한 이야기까지 중계하면서 망신을 주고 있다. 자기들에게 굽실거리지 않는 사람에게는 언론의 맛을 보여준다. 그래서 많은 기업인과 정치인들이 언론 앞에서는 굽실거리기에 급급하고 돌아서서는 억울해하면서 욕한다.

나도 그런 경우 때문에 대단히 모멸감을 느끼고 살아왔는데 이제 속말을 하니 속이 다 시원하다. 내가 주변 사람들한테 만날 듣는 말이 '언론하고 잘 지내라', '언론을 포섭하라'는 말이었다. 얼마나 정치인들이 모멸감을 느끼는지 아는가? 다 눈치 보고 산다. 지금도 나를 아끼는 사람들이 언론의 공격에 얼마나 조마조마하겠는가? 이런 상황과 싸워야 한다.

그때 나는 이 인터뷰 기사('조폭언론에 굽실거리지 말고 싸울 때는 싸워야', 〈오마이뉴스〉 2001년 2월 9일)의 끝에 이런 '후기'를 남겼다.

노 장관은 그렇게 할 말을 다 쏟아냈다. 대우 김우중 씨의 몰락 원인 중 하나가 '할 말을 하는' 부하의 부재였다고 지적되듯이 우리 사회에서 할 말을 한다는 것은 이례적인 용기를 필요로 한다.

모든 언론이 전두환 독재정권의 '보도지침'을 받아 권력의 주구노

릇을 할 때 '할 말은 한다, 말다운 말'을 내걸며 〈월간 말〉지가 창간(1985년)됐다. 그 시절 보도지침을 받아쓰던 거대 언론들의 대표 격인 〈조선일보〉는 50년 만의 정권 교체가 되고 언론 자유의 호시절이 오자 1998년경부터 '할 말은 하는 신문'이라는 모토를 내걸었다.

노 장관은 1985년이나 1998년이나 2001년이나 할 말은 하며 살고 있다. 그런 점에서 그는 정말 희귀한 정치인이자 희귀한 시민이다. 그도 그의 정치적 입지를 고려해 행동하고 말하는 정치인인 것은 분명하지만, 그의 입 자체가 하나의 연구되어야 할 언론이다.

거대 신문사들은 모토를 내걸건 그렇지 않건 '할 말을 하는 신문'이라는 것을 독자들에게 강조한다. 진정 그렇다면, 그 정신을 소중하게 여긴다면 할 말을 하고 사는 이 희귀한 정치인과 공정한 게임을 해야 할 것이다.

이제 노 장관이 "조폭적 언론에 굽실거리지 말고 싸울 때는 싸워야 한다"고 다시 할 말을 했으니, "언론과의 전쟁 불사 발언의 진의와 본질을 놓고 공개 토론을 하자"고 제안했으니, 공개 토론에서 양자가 할 말을 다 하고 국민들이 판단하게 하는 것도 하나의 방법일 수 있겠다.


2001년에 쓴 기사를 다시 읽어보니 새롭다. 노무현은 정말 언론을 향해 할 말을 하는 '희귀한 정치인'이었다. '그의 입 자체가 하나의 연구되어야 할 언론'이었다. 나는 당시의 기사에서 정치인 노무현과 보수 언론 간의 공정한 게임을 주문했다.

그러나 그 공정한 게임은 이뤄지지 않았다. 2002년 정치인 노무현이 민주당 대선 예비 후보로 당내 경선에 나갔을 때 인터넷 공간에서 노풍 바람이 거세게 불었지만 보수언론은 그에 대한 조명을 게을리하거나 애써 무시했다. 그 노풍이 뚜렷해질 때부터는 색깔론으로 노무현 후보를 공격했다.

급기야 노무현 후보는 인천 지역 경선 연설(2002년 4월 6일)에서 "조선, 동아는 민주당 경선에서 손 떼라"라고 외치게 된다.

음모론, 색깔론, 그리고 근거 없는 모략, 이제 중단해주십시오. 한나라당과 〈조선일보〉가 합작해서 입을 맞춰 헐뜯는 것 방어하기도 힘이 듭니다. 제 장인은 좌익 활동 하다 돌아가셨습니다. 해방되는 해 실명해서 앞을 못 봐 무슨 일을 얼마나 했는지 모르겠지만 결혼 한참 전에 돌아가셨습니다. 저는 그 사실 알고도 결혼했습니다. 그래도 아이들 잘 키우고 잘 살고 있습니다. 뭐가 잘못됐다는 겁니까. 이런 아내를 버려야겠습니까? 그러면 대통령 자격 생깁니까?

이 자리에서 여러분이 심판해주십시오. 여러분이 자격이 없다고 하신다면 대통령 후보 그만두겠습니다. 여러분이 하라고 하면 열심히 하겠습니다.

언론 국유화, 과거에도 앞으로도 그럴 생각해본 적 없습니다. 대통령이라도 할 수 없는 일이 있습니다. 감히 어떻게 그런 얘기를 할 수 있겠습니까. 이치에 닿지도 않는 얘기입니다. '소유 지분 제한 포기하라'는 언론의 압력에 굽히지 않아 이렇게 공격당하고 있습니다. 언론에게 고개 숙이고 비굴하게 굴복하는 대통령이 되지 않겠습니다. 도와주십시오. 조선, 동아는 민주당 경선에서 손을 떼십시오.

이날의 노무현 경선 연설에 대해 시사평론가였던 유시민 씨는 이렇게 평했다.

> 오늘(2002년 4월 6일) 경선의 백미는 노무현 후보 연설의 마지막 1분이었다. '조선과 동아는 민주당 경선에서 손 떼라'는 발언이다. 하고 싶은 말 다 하고도 인천이라는 보수적인 지역에서 여유 있는 승리를 보였다는 것은 대단한 의미를 가진다. 대구 경선이 색깔론에 대한 승리였다면, 인천 경선은 조중동의 총공세에 대한 승리다. 다시 말하지만 이것은 대단한 의미를 지닌다. 이번 노무현의 승리는 미래 매체 환경의 변화와도 관계가 밀접하다. 불과 5년 전만 해도 (조중동 등) 주요 언론의 공세를 견딜 정치인은 없었다. 그러나 지금은 메이저 신문사로부터 공격을 받더라도 극복할 수 있는 환경이 조성됐다. 인터넷 신문을 포함한 각종 매체 환경의 변화 때문이다. 이제 메이저 신문들은 '우리의 낙점을 받지 않고는 대통령이 될 수 없다'는 만용을 접어야 할 것이다.

경선에 나선 후보가 영향력 있는 언론들을 향해 "민주당 경선에서 손 떼라"라고 공개적으로 경고한 것은 정치권이나 일반 국민들이 전혀 예상하지 못한 것이었다. 그것은 그로부터 10여 년 전인 1991년 3월 초선 의원 노무현이 〈조선일보〉 기자를 향해 했던 말을 떠올리게 한다.

"이런 일에 기자는 끼어들지 않는 게 좋겠다."

조중동 등 보수언론과 악연을 거듭 축적하고 있었던 정치인 노무현은 2002년 12월 19일 16대 대선에서 대통령에 당선된다. 그는 대한민국 대통령 가운데 유일하게 미국에 단 한 번도 안 가고, 〈조선일보〉와 단 한 번도 인터뷰 안 하고 당선된 희귀한 정치인이었다.

그는 대통령에 당선되고 나서도 조중동의 눈치를 보지 않았다. 당선 후 첫 국내 언론 인터뷰를 창간한 지 2년밖에 안 된 인터넷 언론 〈오마이뉴스〉와 했다. 2003년 2월 22일 나는 〈오마이뉴스〉의 대표 기자로 세종로 정부종합청사 곁에 마련된 인수위원회 사무실에서 그를 인터뷰했다. 그의 첫 마디는 이랬다.

"노무현이 대통령이 되었으면 (당선 후 첫 국내 언론 인터뷰도) 노무현 방식으로 해야지."

우리는 그 인터뷰를 성사시키기 위해 여러 채널을 동원했다. 우리는 외신으로부터 '세계 첫 인터넷 대통령 탄생'이라는 말까지 들은 당선자이니까 인터넷 신문과 첫 인터뷰를 하는 것이 콘셉트에 어울린다는 점을 강조했다. 그러나 성사되리라고는 크게 기대하지 않았다.

당선자가 신생 인터넷 언론과 첫 인터뷰를 하는 것은 기존의 주류 언론과 보수언론에게 '특권 없는 언론정책'을 예고하는 신호탄이었다. 그는 대통령 당선 후 첫 인터뷰에서 정부와 언론의 뒷거래 온상이었던 "가판 신문(전날 저녁에 발행되는 초판 신문)을 보지 않겠다"고 했으며 "소주 사주면서 기사 빼달라는 소리 하지 않겠다"고 했다.

그리고 그는 16대 대통령에 취임하자마자 바로 청와대를 포함한 정부 관공서의 출입기자실을 개혁했다. 그동안 주요 방송사와 신문사 기자들만 특권의 공간으로 사용했던 곳에 중소 언론과 인터넷 언론 기자들도 사용할 수 있도록 개방한 것이다. 김대중 정부가 5년간 한다 한다 하면서도 기득권을 가진 출입기자들의 눈치를 살피느라 못했던 일을 단박에 해낸 것이다. 그것이 이른바 1차 기자실 개혁이었다. 이땐 기존의 주류 언론도 이 조치에 저항하지 않았다. 그것이 언론문화를 민주화시키는 것이라는 데 동의할 수밖에 없었기 때문이다.

하지만 퇴임을 6개월여 남겨두고 시도한 2차 기자실 개혁은 기존 주류 언론의 반발이 거셌다. 정부 부처마다 있는 기자실을 몇 개로 통합하고 이메일 브리핑 등을 활성화하되 정부 사무실을 무단으로 출입하는 것을 통제하겠다는 것이었다.

한국인터넷신문협회와 한국인터넷기자협회에 소속된 인터넷 언론사와 기자들은 기자실 개혁에 대체로 찬성했다. 그리고 한국프로듀서연합회에 속한 프로듀서들도 찬성이 많았다. 그러나 종이 일간지와 방송 등 주류 언론의 기자들은 자유로운 취재가 안 된다는 이유로 반대했다. 조중동은 '언론 탄압'이라고 대서특필했다.

노무현 대통령은 참여정부평가포럼(2007년 6월 2일) 연설에서 왜 퇴임 직전에 기자실 개혁을 시도하는지 밝혔다.

기자실 논란이 지금 뜨겁습니다. 결론부터 말씀드리겠습니다. 폐해가 있어서 개혁한 것입니다. 1차 개혁을 했는데 시간이 흐르면서 옛날의 폐해가 되살아나는 것 같아서 2차 개혁 조치를 한 것입니다. 이대로 넘겨주면 다음 정부에서는 기자실이 다시 부활되고, 사무실 무단출입도 부활되고, 가판도 부활되고, 자전거일보가 다시 부활될지도 모른다는 우려 때문에 확실하게 개혁해 정리해서 넘겨주기 위해 2차 브리핑제도 개선을 한 것입니다.

제가 지금 언론 탄압을 하면 무슨 영화를 얼마나 보겠습니까? 고작 서너 달입니다. 8월에 개혁하는데 9, 10, 11월 그때는 이미 무대가 정부를 떠나고 있는 때입니다. 저는 뒷방 아저씨 아닙니까? 언론 탄압하고 말 것이 뭐가 있습니까? 뜻이 있어서 하는 것 아니겠습니까?

노무현 대통령은 우리 언론도 특권을 버릴 때가 됐다고 강조했다.

왜 유독 언론만이 부당한 권리와 부당한 이익을 계속 주장하는 것입니까? 민주화 이후 모든 조직과 집단이 관행이란 이름으로 누리던 부당한 이익을 다 포기하고 있는데 왜 언론은 그렇게 못합니까? 국민의 알 권리를 방패로 막강한 권력을 누리고 있으면서 왜 부당한 이익을 주장합니까? 언론의 이기주의가 너무 지나칩니다. 노블레스 오블리주라는 말은 언론에게도 적용되어야 합니다.

그러나 2차 기자실 개혁은 주류 언론 기자들의 반대로 결국 실현되지 못했다. 퇴임 직전까지도 뭔가를 끊임없이 개혁해보고자 했던 노무현 대통령의 시도는 무산됐다. 임기 말이라는 현실적 한계, 대국민 홍보 부족, 사전 준비 부족 등의 이유도 있었지만, 가장 중요하게는 보수언론의 반발 때문이었다.

'그동안 내내 우리와 대결하더니 물러날 때까지도 그러는 겁니까? 곧 퇴임하는데 당신이 왜 다음 정권의 기자실 문화까지 개입하는 겁니까?'

나는 2007년 9월과 10월 〈인물연구 노무현〉을 위한 인터뷰에서 노무현 대통령에게 그 대목을 물어봤다.

집권 말기인데, 왜 굳이 2차 기자실 개혁을 시도하고 계십니까?

"우리 사회의 특권의 구조를 해체하고 싶었던 거지요. 언론권력은 한편으로는 정치권력과, 또 한편으로는 경제권력과 유착하면서 특권을 행사해오지 않았습니까? 특권의 구조를 제대로 해체하려면 큰 덩어리뿐 아니라 우리 습관 속에 배어 있는 작은 것까지, '나를 뭘로 보고……' 하는 이런 수준까지 바꿀 필요가 있는 거지요. 그런데 임기 말인데, 이걸 뒤로 미루느냐 안 미루느냐의 문제인데, '내가 지금 하지 않으면 못할걸' 하는 약간의 자만심이랄까 오만이랄까 이런 게 생겼어요."

임기 말의 대통령 노무현은 그런 소명의식을 가지고 있었다.

"기자와 공직 사회의 바람직한 관계에 대해 문화를 바꿔놓아야 하는데, '내가 아니고는 안 할걸' 하는 생각이 들었어요. 못할 것이 아니라 안 할 것 같아요. 아무리 생각해도 안 할 것 같아."

대통령 노무현은 그 문제로 주류 언론 기자들과 갈등관계가 지속되는 것에 대해 "나도 인간적으로 괴롭다"고 했다.

"그런데 그 기자실 개혁 문제가 기자들의 자존심을 건드렸죠.(웃음) 그러니까 나도 죽겠어요. 인간적으로 괴로운 거죠. 내가 기자들의 자존심을 건드리지 않고 갈 수 있는 방법이 없었을까 생각이 들곤 하는데, 생각나는 대로 말을 털어버리고, 화나면 화난 대로 말했으니까, 이게 기자들의 감정까지 건드려놨어요."

그렇게 괴로움을 털어놓은 대통령은 그래도 "내가 해야 할 몫"이라고 분명히 말했다.

"그런 상태이기 때문에 여러 가지 애로가 있는데……. 그래도 어떻든 이게 내가 해야 할 몫이라는 점, 이거는 변함이 없는 거 같아요."

노무현 대통령이 그런 소명의식을 가졌던 것은 1991년 그가 〈조선일보〉와 소송을 벌일 때부터 십수 년간 보수언론과 전쟁을 벌여오면서 다른 정치권 인사들의 언론관계 맺기를 봐왔기 때문이다. 그러나 비단 개인사에서 그런 소명의식을 가진 것만은 아니었다. 그는 민주주의 역사의 관점에서 언론의 정위치가 어딘가에 대해 공부를 하고 있었다.

"정치권력과 시장권력의 갈등 사이에 언론권력이 있습니다. 과거에 언론은 전제 군주, 특권 귀족 세력과 싸우면서 부르주아의 편에, 시민의 편에 섰습니다. 그런데 지금은 언론이 시장권력의 편에 서 있습니다. 스스로 시장권력이 되기도 합니다. 그래서 지금은 모든 언론이 (시민의 입장에서 볼 때) 정당한 언론이라고 볼 수 없고, 언론의 위치에 대해 재평가가 필요한 시점입니다."

그는 정치권력은 국민에 의해 선출되는데 언론권력은 그렇지 않다고 했다. 그래서 그 선출되지 않은 권력의 정통성을 무엇으로 인정해줄 것인가를 고민해볼 필요가 있다고 했다.

"언론의 정통성은 어디에 있는가? 결국 소비자의 선택을 통해서 만들어갈 수밖에 없습니다."

언론이 제 역할을 하는지, 정치권력이나 시장권력에 투항하지 않고 시민의 편에 계속 서 있는지를 감시하는 것은 결국 소비자인 시민의 힘밖에 없다는 뜻이었다.

퇴임을 앞둔 노무현 대통령은 그렇게 역사적 안목 속에서 언론을 바꿔보려는 소명의식을 갖고 그의 방식대로 그것을 실천하면서도 보수언론이 주도해 만들어지는 여론에 대해 적지 않은 신경을 쓰고 있었다. 그는 이렇게 말했다.

"민생은 정책에서 나오고 정책은 정치에서 나옵니다. 정치는 여론을 따르고 여론은 언론이 주도합니다. 언론의 수준이 그 사회의 수준을 좌우할 수밖에 없습니다."

그런데 노무현 대통령이 인터뷰에서 계속 보수언론 탓을 하니까 그것이 충분히 이해가 되면서도 또 한편으로는 답답함이 생겼다. 그래서 나는 이런 식으로 물어봤다. 보수언론이 노 대통령에 대해 비우호적일 수밖에 없다면, 그것을 감안하고, 그것을 전제로 더 지혜롭게 정책을 펼쳐서 여론의 지지를 받아야 했던 것 아닐까?

"많은 사람들이 나보고 자기 하고 싶은 것만 한다, 우리 국민 기분은 안 살핀다고 하는데, 심지어 나하고 아주 가까운 사람들도 여론을 무시하고 소신만 내세운다고 하는데, 그래서 국민들이 돌아서버렸다고 하는데 그 말에 대해 나는 일리가 있다고 생각합니다. 하지만 그것은 한 단편만 본 것이죠. 내가 무슨 일을 해도 (언론시장을 장악하고 있는 보수언론이 비틀어 보도하는) 이 미디어 환경 속에서 (대통령과 국민 사이에) 호의적인 관계가 만들어지겠습니까? 그것은 내가 움직일 수 있는 관계가 아니죠. 내가 작용을 해서 개선할 수 있는 그런 문제가 아니란 말입니다."

노무현 대통령은 그렇게 보수언론의 벽을 크게 느끼고 있었다. 그래서일까. 그는 현재의 여론, 현재의 민심보다는 "역사의 진보에 꼭 필요한 전선에 마주서서 새로운 민심을 일으키는" 것에 큰 관심을 가지고 있었다.

"정치인들은 두 부류가 있습니다. 대세에 편승해서, 상황과 민심에 편승해서 표만 받으려는 사람이 있고, 역사의 진보에 꼭 필요한 전선에 마주서서 상황을 돌파하고 때로는 민심을 새롭게 일으켜서 이끌고 가려고 깃발을 세우는 그런 정치인이 있습니다. 나는 역사에서 적어도 지도자가 될 정치인이라면 후자여야 한다고 봅니다."

그는 "큰 새는 바람을 거슬러 날아간다"고 했다.

"내가 1992년 14대 총선을 부산에서 치렀는데 그 선거에 썼던 구호가, 좀 어렵긴 한데, 대붕역풍비(大鵬逆風飛) 생어역수영(生魚逆水泳)이었습니다. 이 구호를 팸플릿에 넣었습니다. 이 말은 김구 선생님 어록에 들어 있는 이야기거든요. 큰 새는 바람을 거슬러 날고 살아 있는 물고기는 물을 거슬러 헤엄친다, 이런 뜻이지요. 그게 적어도 역사에 마주선 정치인의 자세라고 저는 생각을 해왔고, 지금도 그 생각과 같습니다."

그는 그를 비판하는 정치인들이 자주 쓰는 용어인 '국민의 눈높이'를 거론했다.

"요즘 국민의 눈높이라는 용어를 쓰는 지도자들이 있어요. 내가 보기에는 여권에도 있고 야권에도 있었던 것 같습니다. 참여정부가 국민의 눈높이보다 좀 높은 사회적 의제, 정치적 의제를 많이 제기했다는 뜻이겠지요. 그런데 저는 일개 국회의원이라면 국민의 눈높이 수준으로도 그리 모자람이 없을 수 있다, 그러나 국가적 지도자가 되려는 사람은 국민의 눈높이로서는 좀 부족하다, 역사의 눈높이를 가져야 한다고 봅니다."

노무현 대통령은 국민의 눈높이와 역사의 눈높이를 구분했다.

"국민의 눈높이는요, 이승만 독재 시절엔 거기 다 찍어주고, 박정희 쿠데타 있고 나니까 거기 다 찍어주고. 또 삼선개헌, 국민투표 해주고, 유신 또 지지해주고…… 다 지지했습니다. 그것은 국민의 눈높이였지만, 그러나 국민의 눈높이 그 밑바탕에 흐르고 있는 진짜 국민의 눈높이가 있습니다. 그렇지요? 개인 개인 국민의 눈높이가 아니라 하나의 역사적 실체로서의 국민의 눈높이는 4·19에 있었고, 1979년 부마항쟁, 1980년 광주항쟁, 1987년 6월항쟁에 있었잖습니까. 이것은 역사의 눈높이였거든요."

그는 여론과 민심도 구분했다.

"여론이라는 말과 민심이라는 말의 개념이 아직 명확하게 정의된 것은 아니지만 나는 이렇게 생각합니다. 우리가 여론이라고 할 때 그것은 그때그때 움직이는 것이다. 그것은 바로 민심이라고 볼 수는 없다. 그 시기 출렁이는 여론의 바탕에 면면히 흐르고 있는 또 하나의 국민들의 의지와 정신이 있다. 그것을 우리가 좀 크게 보아서 민심이라고 이야기하는 것이다."

노무현 대통령은 이렇게 제안했다.

"보통 민심이라고 하는 것은 그 정도 단위를 가지고 이야기해야 하는 것이지, 당장 그때그때 불편과 불만, 힘들어하고 푸념하는 것을 민심이라고 보고 거기에 정책의 수준을 맞춰서는 안 된다고 생각합니다. 그래서 여론에 귀는 기울여야 하지만, 국민의 눈높이를 생각해야 하지만, 그것 대신 역사의 눈높이라는 차원도 생각해야 한다는 것을 새롭게 제안하고 싶습니다."

정치인 노무현은 정계에 입문한 후 내내 보수언론과 전쟁을 치렀다. 그는 "나의 임기 5년간의 투쟁에서 가장 큰 장애는 조중동"이라고 했다. 보수언론 때문에 그를 지지하는 여론이 나빠졌다는 말이다. 그래서 지지자들마저 활력을 잃었다고 보고 있었다.

전직 대통령 노무현이 마지막으로 언론을 직접 상대한 것은 2009년 4월 21일이었다. 생을 정리하기 한 달여 전 그는 〈사람 사는 세상〉에 '저의 집 안뜰을 돌려주세요'라는 글을 올렸다. 그것은 정치인 노무현이 아닌 인간 노무현의 호소였다. 전문을 옮긴다.

언론에 호소합니다. 저의 집 안뜰을 돌려주세요.

한 사람의 인간으로서 부탁합니다. 그것은 제게 남은 최소한의 인간의 권리입니다.

저의 집은 감옥입니다. 집 바깥으로는 한 발자국도 나갈 수가 없습니다.

저의 집에는 아무도 올 수가 없습니다. 카메라와 기자들이 지키고 있기 때문입니다.

아이들도, 친척들도, 친구들도 아무도 올 수가 없습니다. 신문에 방송에 대문짝만하게 나올 사진이 두렵기 때문입니다. 아마 이상한 해설도 함께 붙겠지요.

오래되었습니다. 이 정도는 감수해야겠지요. 이런 상황을 불평할 처지는 아닙니다. 저의 불찰에서 비롯된 일이기 때문입니다.


그러나 그렇다 할지라도 인간으로서 지켜야 할 최소한의 사생활은 또한 소중한 것입니다.

창문을 열어놓을 수 있는 자유, 마당을 걸을 수 있는 자유, 이런 정도의 자유는 누리고 싶습니다.

그런데 저에게는 지금 이만한 자유가 보장이 되지 않습니다.

카메라가 집 안을 들여다보고 있기 때문입니다.


며칠 전에는 집 뒤쪽 화단에 나갔다가 사진에 찍혔습니다. 잠시 나갔다가 찍힌 것입니다.

24시간 들여다보고 있는 모양입니다.

어제는 비가 오는데 아내가 우산을 쓰고 마당에 나갔다가 또 찍혔습니다. 비 오는 날도 지키고 있는 모양입니다.


방 안에 있는 모습이 나온 일도 있다고 합니다. 그래서 우리는 커튼을 내려놓고 살고 있습니다.

먼 산을 바라보고 싶을 때가 있습니다. 그런데 가끔 보고 싶은 사자바위 위에서 카메라가 지키고 있으니 그 산봉우리를 바라볼 수조차 없습니다. 이렇게 하는 것은 사람에게 너무 큰 고통을 주는 것입니다.

언론에 부탁합니다.

제가 방 안에서 비서들과 대화하는 모습, 안뜰에서 나무를 보고 있는 모습, 마당을 서성거리는 모습, 이 모든 것이 다 국민의 알 권리에 속하는 것일까요?

한 사람의 인간으로서 간곡히 호소합니다. 저의 안마당을 돌려주세요. 안마당에서 자유롭게 걸을 수 있는 자유, 걸으면서 먼 산이라도 바라볼 수 있는 자유, 최소한의 사생활이라도 돌려주시기 바랍니다.

'한 사람의 인간으로서' 그렇게 '간곡히 호소'하던 전직 대통령 노무현은 한 달여 후 저세상으로 갔다. 바보 노무현과 조중동의 싸움은 끝나지 않았다. 최종 싸움이 남아 있다. 역사의 눈높이에서 본 역사의 평가가 남아 있다.

# 승부사 노무현, 부드러움을 부러워하다

어둠이 깔리기 시작한 봉하마을, 끝없이 이어지는 시민들의 참배가 특별한 이의 등장으로 잠시 멈춰진다. 2009년 5월 27일 저녁 8시경, 감옥에서 임시 출소한 '노무현의 오른팔' 이광재 민주당 의원이 전직 대통령의 영정 앞에 큰 절을 올린다. 그의 흐느낌은 계속되고 일어날 기색이 없다. '노무현의 왼팔' 안희정 민주당 최고위원이 이 의원을 일으켜 세운다.

노무현이 남긴 남자들, '우'광재와 '좌'희정. 노 전 대통령이 유서에서 언급한 "나로 말미암아 고통을 받은 너무 많은 사람" 가운데 대표적인 두 386참모다. 영정만으로 남은 지도자 앞에서 서로 손을 잡고 눈물을 흘리던 두 40대 남자는 노무현 정부 인사들로 구성된 상주들을 향한다.

자신이 지도자로 모셨고, 대통령으로까지 만들었던 이의 자살 소식을 감옥 안에서 들어야 했던 핵심 참모는 얼마나 놀라고 슬펐을까? 이광재 의원은 상주대표로 나와 있던 한명숙 전 국무총리를 껴안고 흐느낀다. 노 전 대통령 장례식의 공동장례위원장인 한 총리도 울음을 터트린다. 그들의 울음소리는 수십 명의 카메라 기자가 터트리는 플래시 소리에도, 분향을 기다리고 있는 시민들이 다 들을 정도로 컸다.

그곳으로부터 20여 미터 떨어져 있는 마을회관 빈소에 잠들어 있는 노무현 전 대통령이 이 장면을 하늘나라에서 봤다면? 만감이 교차하겠지만 그중 하나는 이것이었을 것이다. '그나마 한명숙 총리가 있어서 내가 걱정이 덜 된다.' 노무현 때문에 험한 꼴을 당한 사람들을 가슴에 품고 함께 울어줄 수 있는, 어머니 같은 부드러운 한명숙이 있었기에 봉하를 찾은 상처 받은 친노 인사들은 다소간의 위안을 받는 것처럼 보였다.

만약 봉하에 한명숙 전 총리가 없었다면? 공식적으로 내색을 하지 않았지만, 정부와 함께 공동으로 국민장을 치르기로 한 봉하의 노무현 정부 인사들은 불만이 팽배해 있었다. 영결식, 노제 준비 등에서 정부가 제대로 협조를 안 해준다는 것이다. 한 장례위원이 말했다.

"그나마 한명숙 전 총리가 장례위원장이어서 그렇지 다른 사람이 맡았으면 진작 정부와 한판 붙었을 것이다."

한명숙. 참여정부 때 노무현 대통령에 의해 국무총리(2006년 3월

~2007년 3월)에 임명됐던 그는 노무현 전 대통령 국민장의 공동장례준비위원장을 맡았다. 사실 생전의 대통령 노무현은 정치인 한명숙을 부러워했다.

〈인물연구 노무현〉을 위해 청와대에서 3일간 인터뷰를 했던 2007년 9월과 10월. 당시는 그해 말에 있을 17대 대통령 선거를 앞두고 여야 모두 예비 후보들이 경선을 준비하거나 참여하고 있을 때였다. 민주당은 친노 진영에서 이해찬·한명숙·유시민 씨 등이 예비 후보로 거론됐고, 비노 진영에서는 정동영과 손학규 씨가 나서고 있었다. 또 민주당 밖 진보개혁 진영에서는 문국현 씨가 대선 참여를 선언한 상태였다.

나는 기자로서 퇴임을 앞둔 노무현 대통령이 차기 대통령을 뽑는 선거판을 어떻게 보고 있는지, 그가 이끄는 여권에 불리하게 전개되고 있던 선거판에 어떻게 대응하고 있는지가 궁금했다. 기회가 왔다. 대통령과 우리 취재팀은 점심식사를 함께하고 청와대 뒷산의 대통령 전용 데크에서 차를 한잔 마시고 있었다. 민감한 이야기를 민감하지 않게 나눌 수 있는 시간과 장소였다. 우선 이렇게 물었다.

현재 한나라당과 민주당 예비 후보들을 보면 민주당 후보들이 다들 약합니다. 사전에 좀 더 치밀하게 후계자 준비를 했으면 하는 아쉬움이 있으신가요?

"후계자는, 그 이상은 내가 어쩔 수가 없어요. 그 이상은 어쩔 수가 없어요."

노무현 대통령은 정동영·김근태·이해찬·한명숙 씨 이야기를 하면서 "충분히 기회를 줬다"고 했다. 장관과 총리에 임명하면서 국민들에게 가능성을 어필할 시간을 줬다는 이야기다. 그는 2002년 대선 과정에서 스스로 여권 후보를 '쟁취'했음을 상기시켰다.

"김대중 대통령 말기에 악재가 그렇게 많았어도 내가 대통령이 됐잖아요. 후보는 자기가 만들어가는 것입니다. 김대중 대통령이 항상 하신 말씀이 '후계자는 자기가 하는 거지 내가 어떻게 짚어주냐?'였는데 그 말이 맞아요."

하지만 현직 대통령은 그의 지지도가 높지 않음을 의식하고 있었다. 대선은 현 정권에 대한 총체적 심판의 장이 아닌가? 현직 대통령 노무현은 그가 여당의 차기 후보들에게 '유리한 환경'을 제공해주지 못하고 있음을 미안해하고 있었다.

"내가 다음 선거까지 책임질 수 있는 지지도를 유지 못한 것은 맞지마는, 다음 선거까지 우세하도록 지지도를 유지 못한 거는 맞지마는……."

그러면서 노무현 대통령은 당시에 예비 후보로 나선 민주당 대선주자들의 장단점에 대해 언급했다. 그중에서 의외다 싶은 것이 있었는데, 노 대통령이 한명숙 씨의 부드러움을 부러워하고 있는 점이었다.

"앞으로의 우리 정치는요, 이것이 될지 안 될지 모르지만, 상대하고도 대화를 하는 쪽으로 가야 됩니다. 사회적 갈등 과정에서도 사람들하고 끊임없이 대화하는 자세가 필요합니다. 근데 그 점에서 한명숙 씨가 굉장히 탁월한 장점을 가지고 있어요. 자기 소신에 관해서는 강단이 있지만 사람이, 느낌이 부드러워요."

노 대통령은 부드러움이 신뢰와 연결된다고 했다.

"부드러우면 상대방한테 신뢰를 줘요. 이 사람하고 말하는 사람은 상대방이 다 진심인 줄 알고 진지하게 대화를 해요. 나까지 나서서 대화를 해도 도저히 안 풀리는 어떤 사안이 있어서 한명숙 총리에게 이렇게 말한 적이 있어요. '이제 그만두십시오. 그거 되지도 않을 타협을 뭘 자꾸 하려고 그럽니까?' 그러면 한 총리가 '아, 그래도 조금 며칠만 저한테 맡겨놓아 주세요.' 합니다. 그러면 내가 그 사안을 잊어먹고 있으면 보름 되고 한 달 되고 하는데, 어찌어찌해가지고 그 문제를 풀어서 가지고 와요."

뜻밖이었다. 승부사적 기질을 바탕으로 대통령에 오른 노무현이 "미래의 지도자는 좀 부드러웠으면 좋겠다"고 말한 것은.

"앞으로 우리 정치 풍토나 분위기 같은 것으로 봤을 때 좀 부드러운 지도자가 (필요한 것 같아요)……."

정치인 노무현은 자신에게 부족한 부드러움을 부러워하고 있었다.

"(그 점이 부족한 것이) 나는 항상 내 약점이라고 생각하기 때문에……나만 보면 이상하게 이 사람들(정적)이 '저 사람이 나를 뭔가 해코지할 거라'는 불신 아닌 불신감을 갖고 있거든. '또 저게 무슨 꼼수를 내나?' 이 사람들은 내가 꼼수를 내는 것으로 알고 있거든. 나는 꼼수를 안 부리는데도."

임기 말까지 싸움을 벌인 대통령 노무현은 그렇게 '다음은 부드러운 정치인이 해야 한다'고 생각하고 있었다. 그런데 그의 정치노선도 사실 알고 보면 '부드러운' 것이었다.

보수언론은 노무현 대통령을 '좌파'라는 이름으로 불렀다. 노 대통령의 이런 생각 때문이었을까? 그는 참여정부의 기본 노선을 이렇게 정리했다.

"우리 정부가 성공을 했든 안 했든 간에 기본적으로 우리 참여정부가 하려고 했던 것은 시장권력과 언론권력을 제어하여 시장에서 소외된 사람들의 권리를 신장하려고 한 것입니다. 시장에서 최소한의 기본선 아래로 낙오하는 사람들을 함께 끌어안고 가는 것이 우리 정부의 역할이라고 분명히 생각하고 있었지요."

그런가 하면 진보 진영에서는 노 대통령이 해나가는 것을 보고 성에 차지 않아 했다. 노 대통령은 그것을 이렇게 표현했다.

"진보 진영에서는 '왜 빨리하지 않냐, 확 엎어버려야지' 이런 식이거든요. 그런데 그렇게 되면 시장의 저항이 일어나죠. 시장의 원리 자체에서 시장이 위축되거나 시장에 심각한 저항이 일어나면 전체적으로 우리가 감당할 수 없는 파동이 일어납니다. 그래서 그 '속도 싸움'이 중요합니다."

노 대통령은 일부 진보학자를 거론하면서 "투쟁사관만으로는 절대로 성공할 수 없다"고 했다.

"역사라는 것이 투쟁으로 발달한다는 투쟁사관만 가지고는 절대로 성공할 수 없지요. 오늘날 어느 정도 앞서가고 있는 나라는 투쟁의 역사만으로 성공한 게 아니지요. 투쟁과 절제가 함께 있어야 합니다. 투쟁에다 그 사회 지배 세력의 관용과 절제가 적절하게 배합되어야 합니다. 두 개는 같이 가야죠. 투쟁 없는 역사도 없지만, 그러나 관용과 배려가 없는 역사도 성공하지 못한다는 거죠."

노 대통령은 "그래서 투쟁과 타협은 적절하게 배합돼야 한다"고 강조했다.

그러나 그게 어찌 쉬운 일인가? 진보의 가치를 추구하면서도 보수와 적절히 타협해 일을 제대로 실현해 나간다는 것이. 그것이 제대로 이뤄질 때 국민 통합은 가능할 것이고, 그것을 만들어내는 대통령은 성공하는 국가 지도자로 역사에 기록될 것이다.


퇴임을 앞둔 대통령 노무현은 부드러우면서도 강했던, 그래서 성공한 대통령으로 남은 링컨을 부러워하고 있었다. 대통령이 되기 전 2001년 11월에 펴낸 《노무현이 만난 링컨》에서 그는 링컨을 "낮은 사람이, 겸손한 권력으로, 강한 나라를 만든 전형을 창출한" 대통령으로 적었다.

2007년 가을 〈인물연구 노무현〉을 위한 청와대 인터뷰에서 그는 링컨의 성공 이유를 이렇게 분석했다.

"링컨이 성공한 대통령이 된 것은 여러 가지 이유가 있지요. 첫째는 국가적 통합을 이뤄냈지요. 전쟁까지 감수하는 단호함을 보이면서도 결국 국가적 통합을 이루어냈습니다. 두 번째는 노예해방을 이뤄내 그것이 이후에 보편적인 가치로 계속 자리 잡게 되면서 성공한 대통령이 될 수 있었지요. 세 번째로는 그분의 인간성이 정직하고 소박해서 그것이 지금까지 칭송되고 있는 거지요."

노 대통령은 덧붙였다.

"그다음에 또 하나 성공 요인은…… 죽어버렸다는 거죠."

대통령 노무현이 링컨의 성공 요인에 대해 마지막으로 이렇게 언급했을 때 당시 인터뷰에서는 반쯤은 농담처럼 받아들였다. 이 말을 듣고 나를 비롯한 〈오마이뉴스〉 취재팀과 배석한 비서들은 가벼운 웃음을 터트렸다.

"죽어버렸거든. 골치 아픈 거 해결해야 될 때는 죽어버렸거든. 전쟁으로 한쪽을 패배시키는 것은 쉽지만, 패배한 상대를 끌어안는다는 것은 얼마나 어려운 일이겠습니까? 그거 성공할 수 없습니다. 성공할 수 없을 때 죽어버렸거든."

링컨은 남북전쟁에서 승리(1865년 4월 9일)한 지 닷새 만에 포드 극장에서 남부 출신 배우의 총에 맞아 숨졌다. 링컨은 미국 역사상 최초로 암살당한 대통령이었다. 그리고 노무현은 대한민국 역사상 최초로 자살한 대통령이다.

2009년 5월 27일 저녁, 두 번째로 찾은 봉하마을. 나는 노무현 전 대통령의 빈소에 술 한잔을 올리면서 그날의 인터뷰를 떠올렸다. 링컨의 죽음을 말씀하며 환하게 웃던, 그래서 우리의 웃음까지 자아내게 했던 대통령을 생각했다.

사람은 누구나 죽는다. 지도자도 죽는다.

링컨은 패배한 상대를 끌어안는 일을 하다 타살돼 역사적으로 성공한 대통령이라고 불리고 있다. 노무현은 패배한 상대를 정치적 식물인간으로 만들려는 승자의 검찰 수사 과정에서 스스로 목숨을 끊었다. 역사는 그를 어떻게 평가할 것인가.

밤 9시, 나는 봉하마을을 떠나고 있는데 조문객들은 여전히 몰려들고 있었다. 분향소에서 수백 미터 떨어진 곳까지 2차로를 꽉 메운 사람들, 두세 시간 기다려도, 밤을 새워도 좋다고 온 사람들. 그들의 발걸음을 이곳으로 인도한 그 힘은 언제까지 계속될 수 있을까?

그들이 분향 차례를 기다리며 서 있는 봉하마을로 가는 길 양쪽에는 500여 개의 만장들이 나부끼고 있었다. 부산의 한 시민단체 회원들이 밤샘해서 만들어 왔다는 그 만장 중에는 이렇게 적힌 것도 있었다. "또 하나의 바보 노무현을 만날 때까지."

# 9·19성명에 모든 답이 있다

김대중과 노무현.

나는 〈인물연구 노무현〉을 진행하면서 두 전직 대통령의 닮은 점이 적지 않다고 느꼈다. 언젠가 글로 한번 정리를 해봐야겠다는 생각도 해봤다. 그런데 그것을 김대중 전 대통령의 입을 통해 들을 기회가 올 줄은 몰랐다. 특히 선배 대통령이 후배 대통령을 먼저 저세상으로 보내고 추모하면서 그 닮은 점을 이야기할 날이 올 줄은 정말 몰랐다.

2009년 6월 11일 저녁, 63빌딩 국제회의장에서 6·15남북정상회담 9주년 기념식이 열렸다. 천여 명의 참석자가 모인 이 자리에 건강이 좋지 않아 보이는 김대중 전 대통령이 휠체어를 타고 나타났다. 그는 '노무현 대통령 생각'으로 연설을 시작했다.

존경하는 선배·동료 여러분. 오늘 이 자리에 이렇게 많이 나와주셔서 참으로 감사합니다. 6·15와 10·4선언, 이것을 생각할 때 돌아가신 노무현 대통령을 생각하지 않을 수 없습니다. 노 대통령과 저만이 북한을 가서 정상회담을 한 그 사건도 아주 중요한 일이었다고 생각합니다.

**그러면서 노무현 대통령과 자신이 "이상하게 닮은 점이 많다"고 했다.**

노무현 대통령과 내가 이상하게 닮은 점이 많습니다. 둘 다 농민의 아들로 태어났고, 노 대통령은 부산상고, 나는 목포상고를 나왔습니다. (청중 웃음) 노무현 대통령은 돈이 없어 대학에 못 갔고 나도 돈이 없어 대학 못 갔습니다. (청중 웃음) 노 대통령은 대학 못 간 뒤 열심히 공부해서 변호사가 됐고, 나는 열심히 사업해서 돈 좀 벌었습니다. (청중 웃음) 그 후로 나는 이승만 정권, 노 대통령은 박정희 정권 독재에 분개해 본업을 버리고 정치에 들어간 것입니다.

정치에 들어가서 다시 또 반독재 투쟁을 같이했는데, 이렇게 해서 노 대통령과 나는 참으로 연분이 많습니다. 당도 같았고, 그리고 국회의원도 같이했고, 그리고 북한도 교대로 다녀왔고. 가만히 보니까 전생에 노 대통령과 내가 무슨 형제간이 아니냐는 생각도 들고요. 물론 형님은 내가 되고요. (청중 웃음) 해서 내가 노 대통령 서거를 듣고 내 몸의 반쪽이 무너진 것 같다고 했는데, 그것은 지나간 과거만 봐도 여간

한 인연이 아닙니다.

그렇게 닮은 점 여덟 가지를 이야기하는 동안 참석자들은 네 번 웃었다. 그들 가운데 한 사람이었던 나는 그 웃음 속에 눈물이 젖어 있음을 느낄 수 있었다. 노무현과 김대중, 두 사람은 연설 솜씨에서도 닮았다. 눈물 젖은 웃음을 자아낸다. 논리가 있고, 시대정신이 있고, 청중을 웃기면서 울린다.

만약…… 김대중 전 대통령이 먼저 돌아가시고 노무현 전 대통령이 그에 대한 추도사를 했다면? 그 자리에서도 아마 눈물 젖은 웃음이 터져 나왔을 것이다.

이날 참석자들은 북한 핵문제 해결을 위한 결의문을 채택했다. 이 결의문은 "우리는 최근 북한이 2차 핵실험을 감행하고 미사일 발사를 계속하는 데 대해 우려를 금할 수 없다"면서 "우리는 한반도 평화를 저해하는 일체의 행동을 반대한다"고 했다. 그러면서 해결책은 이미 나와 있다고 했다. 그 대목을 읽어보자.

북한 핵문제는 이미 그 해결책이 나와 있다. 북한도 참여한 2005년 9·19 6자회담 공동성명을 준수하면 된다. 9·19성명은 북한은 핵을 완전히 포기하고, 미국과 일본은 북한과 국교를 정상화하고, 6자는 한반도 평화 체제 수립에 협력하며, 북한에 경제 지원을 한다는 것이다. 이 모든 것을 '행동 대 행동' 원칙으로 이행하자는 것이다. 이것은 6자

모두가 찬성한 합의다. 이것을 실천하면 북한 핵문제는 성공적으로 해결할 수 있다. 우리는 9·19공동성명을 이행하여 반드시 한반도 비핵화를 실현하고, 합의된 대로 동북아 평화 체제를 이룩해야 한다.

9·19성명이 어떤 내용이기에 이미 해결책이 다 나와 있다고 하는 것일까? 그것을 잊어버렸거나 주목하지 못한 독자들이 적지 않을 것이다. 9·19성명은 노무현 대통령의 집권 중반기인 2005년에 나온 6자회담 성과물이다. 북한 핵을 어떻게 처리할 것인가에 대한 당사국들의 합의를 다룬, 당시로서는 획기적인 성명이었다.

6·15선언 9주년 기념 행사장에서 채택된 결의문은 말미에서 이명박 정부에게 이렇게 당부했다. 한마디로 6·15선언과 10·4선언을 실천하라는 것이었다.

> 우리 정부는 북한과 관계 개선 노력을 통해 북한 핵문제의 합리적 해결을 모색해야 한다. 남북관계를 개선하려면 6·15공동선언과 10·4선언의 수용과 실천이 필수불가결하다. 1300년 동안 통일을 유지해온 조상의 업적을 받들고 미래의 후손들에게 민족 통일과 평화 협력의 시대를 열도록 6·15공동선언과 10·4선언의 숭고한 정신과 합의 사항을 확인하고 실천해야 한다. 이것만이 우리 민족이 평화와 번영과 통일로 나아가는 길이다.

6·15선언은 김대중 – 김정일 정상회담의 결과물이고, 10·4선언은 노무현-김정일 정상회담 후 발표된 것이다. 6·15선언은 첫 번째 남북 정상회담이고, 10·4선언은 두 번째다.

우선 분단 55년 만인 2000년에 남북 정상이 만나 공동으로 발표한 6·15선언에 어떤 내용이 담겨 있는지 살펴보자. 자주적 방법에 의한 통일 의지가 피력됐으며, 남북 경제 협력, 이산가족 방문 등이 합의되었다. 무엇보다 통일 방안에 대한 공통 인식을 2항에 담았다.

> 남과 북은 나라의 통일을 위한 남측의 연합 제안과 북측의 낮은 단계의 연방 제안이 서로 공통성이 있다고 인정하고 앞으로 이 방향에서 통일을 지향시켜나가기로 하였다.

그렇다면 그로부터 5년 뒤에 이뤄진, 김대중 대신 노무현이 바통을 이어받아 김정일과 합의한 10·4선언에는 어떤 내용이 담겨 있을까. 6·15선언보다 무엇이 더 진전되었을까.

10·4선언은 6·15 정신의 계승을 분명히 하였고 경제·문화 협력을 확대하기로 했다. 남북경협의 상징인 개성공단 사업에 더욱 속도를 내고, 해주 지역과 주변 해역을 포괄하는 서해평화협력특별지대를 설치하는 등 경제 협력을 확대하기로 했다.

10·4선언의 핵심은 한반도 평화 정착을 위해 종전선언을 추진하기로 한 점이었다. 평화 정착을 위해 우선 남북의 제도를 정비하고, 군사적

적대관계를 종식시키고, 항구적 평화 체제를 만들기 위해 휴전선언을 종전선언으로 대체하자는 것이었다. 이 점이야말로 10·4선언이 6·15선언에서 한 걸음 더 나아간 성과였다.

한반도에 전쟁의 기운이 돌고 있는 2009년 여름, 불과 2년 전에 만들어진 이 선언은 새롭게 다가올 수밖에 없다.

이 선언을 다시 읽으면서 나는 청와대에서 노무현 대통령을 만났던 2007년 가을을 생각한다. 〈인물연구 노무현〉을 위한 세 번째 인터뷰는 10·4 남북정상회담 직후인 2007년 10월 20일이었다.

성과 있게 정상회담이 끝난 것을 축하드립니다.

"지나고 나서 가만히 생각해보니까, 250분 정도 (김정일 국방위원장과) 만났는데 그 시간에 여러 의제를 합의했으니까 역사상 그렇게 효율적인 회담도 아마 없었을 것 같아요. 서해평화협력지대에서 출발을 해 가지고 해주공단하고 쭈욱……. 사전에 의제를 충분히 조율하지도 않았는데 두 사람 다 성격이 조금 화끈한 점도 있고, 우리가 의제를 대부분 준비한 것이다 보니까. 우리는 치밀하게 준비를 했고, 김정일 위원장이 화끈하게 받아버린 것 같아요."

정상회담 직후 여론조사에서 대통령 국정 지지도가 전보다 10퍼센트 정도 올라서인지 노무현 대통령의 표정은 밝았다.

평양 가는 길에 군사분계선을 걸어서 넘으셨는데요, 군사분계선 앞에 딱 섰을 때 어떤 느낌이 드셨나요?

"벙벙했지 뭐……. 걸어가는 것은 우리 청와대 의전 비서관이 청와대 비서관실에 제안을 해서 그리 됐는데…… 나는 그게 그거지 뭐 하고 예사로 생각하고 결정한 대로 받아들였어요. 그런데 막상 걸어가는 그 순간에 '이게 보통 문제가 아니구나' 생각했어요. 거기에서 내가 좀 긴장을 해서 실제로 내가 느낀 감동을 보는 사람도 같이 못 느꼈던 것 같아요. 근데 지나고 나서 보니까 그게 '정말 역사적인 사건이구나' 실감이 나요. 상징성이."

군사분계선을 넘을 때 노 대통령은 "나는 오늘 대통령으로서 이 금단의 선을 넘습니다. 제가 다녀오면 더 많은 사람들이 다녀올 것입니다. 그러면 마침내 이 금단의 선도 점점 지워질 것입니다"라고 말했다.

노 대통령은 임기 중에 주변의 권유는 많았지만 정상회담을 서두르지 않았다고 했다.

"나는 정상회담을 서두르지 않았습니다. 북핵 문제가 가닥을 잡기 전에는 정상회담이 안 된다는 것을 항상 나는 기본 전제로 깔고, 그렇게 계속 얘기해왔습니다. 국내에서 나한테 자꾸 정상회담 빨리 하라고 다그치는 사람들이 있었는데, 그때마다 나는 서둘러서 하면 북쪽 입장만 계속 강화시켜주는 것이고, 나한테 자꾸 정치적 부담만 주는 것이지 전혀 도움이 안 된다, 이렇게 말해왔지요."

그래서 남북정상회담 자체를 공로로 내세울 생각은 없다고 했다.

"내가 그 얘기를 왜 자꾸 하냐면, 아무리 좋은 일이라도 사리가 있고,

조건이 있다는 것이죠. 여건이 갖추어지지 않으면 아무리 좋은 일이라도 안 된다는 것이죠. 그래서 정상회담을 했다는 것 자체로 무슨 대통령의 공로로 내세울 생각은 없습니다. 물론 (10·4 남북정상회담 공동선언에서) 알맹이가 있었으니까 생색은 낼 수 있지만요. 오히려 내 임기 중에 6자회담에 집중하고 일정한 진전을 이뤄낸 것이 내 공로일 수 있겠지요."

그러니까 남북정상회담보다는 6자회담의 결실이었던 9·19성명을 만들어내는 데 기여한 것을 더 크게 보고 있었다. 그럴 만도 하다. 2005년 그 선언이 이뤄진 지 4년이 지난 지금도 김대중 전 대통령을 포함한 북핵 문제의 최고 전문가들이 "해결책은 9·19성명에 다 있다"고 하고 있지 않은가? 지금 다시 북한이 핵실험을 하고, 북미 갈등과 남북 갈등이 고조된 상황이기 때문에 당시의 선언이 빛바랜 점도 있지만, 그런 성과가 어떻게 가능했는지 되새김하는 것은 이후 북핵 문제 해결에 많은 시사점을 줄 것이다.


지도자로서 북한 문제, 북핵 문제는 어떤 원칙을 가지고 다뤄야 한다고 생각해오셨습니까?

노 대통령은 이 질문에 "그건 참 어려운 문제죠"라는 말로 시작했다.

"북한 문제, 북핵 문제처럼 어려운 사안은 문제의 본질이 있습니다. 그때그때 상황에 따라서 계속 다른 모습으로 나타나고 또 상황이 아주 변화하는 것 같지만, 실제로 그 바탕에 깔려 있는 본질적 구조는 변함없이 한 가지가 있습니다. 그래서 그 바탕에 깔려 있는 본질적 문제를 정확하게 바라보고 일관되게 그 원칙에 따라서 판단하고 말하고 행동하고, 또 나갈 때는 나가고 기다려야 될 때는 기다려야 하는 것이지요."

노 대통령은 자신의 임기 중에 9·19성명이 나올 만큼 큰 진전이 있을 줄 몰랐다면서 "운도 따랐다"라고 했다.

"저는 제 임기 동안에 북핵 문제가 풀리는 상황을 볼 수 없을 것이라고 판단하고 있었어요. 그런데 우리가 예측했던 것보다 좀 더 유리한 상황이 전개된 것이지요. 그것은 역설적입니다만, 이라크 사태가 장기적으로 풀리지 않고 교착 상태에 빠진 점, 미국에서 정치적 구도가 바뀌어버린 점이지요. 의회에서 민주당이 득세해버린 것이지요. 그것이 이제 우리가 예측하지 않았던 사태입니다. 말하자면 이라크 사태도 조금 일찍 끝날 줄 알았고, 공화당의 우세는 조금 계속될 거라고 봤는데 그것이 역전되어 이 문제가 풀릴 수 있는 계기가 잡힌 것이지요."

노 대통령은 그런 운도 있었지만 참여정부가 "일관된 원칙을 가지고 대응"한 것이 주효했다고 했다.

"다만 그렇게 외부 환경이 변화했다 하더라도 우리 한국이 일관된 원칙을 가지고 대응하지 않았더라면 또 틀어졌을 가능성이 있습니다. 말하자면 5년 동안 한반도에서 미국이 얻은 확실한 정보는 이것이었습니다. 한국 정부는 미국이 원하는 대로 일방적으로 북한에 대한 무력공격이라든지, 그 이상의 강한 압력의 행사라든지, 또는 그들이 원하는 만큼의 제재를 순순히 수용하지 않는다는 점, 절대로 평화를 깨는 어떤 모험도 단호하게 반대한다는 점을 여러 차례 경험을 거쳐서 확인했다는 것입니다. 그것이 미국이 마지막에 이 결단(9·19성명 합의)을 하게 하는 하나의 요인이 되었을 것입니다. 그래서 이 문제가 풀려간 한 서너 가지의 요인 중에서 한국 정부의 일관성도 분명히 그 사태 해결에 한 계기를 제공했다고 봐야 합니다."

노 대통령은 "이야기를 하다 보니 좀 내 자랑 같네요" 하면서 웃었다. 그러나 힘주어 강조했다.

"평화적으로 그리고 대화를 통해서 해결해야 한다는 그런 일관된 원칙을 한 번도 바꾼 일이 없습니다. 더욱이 앞으로도 바뀔 가능성이 없다는 점을 계속해서 예고했습니다."

노 대통령은 당근과 채찍 이론을 거론했다. 그것을 현실에 적용할 때 특히 남북관계에서 적용할 때 주의할 점이 있다고 했다.

"우리가 협상할 때 항상 쓰는 전략이론이 당근과 채찍 이론이거든요. 그러나 채찍이론을 너무 강조하다 보면 그것은 대화론이 아니고 정도를 넘어가게 되기 때문에 결국 판이 깨지는 강경론이 될 수도 있거든요. 그 수준을 적절하게 조절하면서 적어도 우리가 넘을 수 없는 선에서 채찍론이 적절하게 구사되어야지 평화를 깰 수 있는 그런 위험한 채찍이 되어서는 안 되지요. 그런 위험한 채찍을 쓰지 않겠다는 원칙을 강하게, 그리고 확고하게 계속 주장하였기 때문에 이 문제 해결에 다가가게 된 것이지요."

노 대통령은 국가의 운명이 걸린 문제에서는, 특히 전쟁이냐 아니냐의 문제에서는 협상의 방법도 달라져야 한다고 했다.

"보통 협상할 때, 내 카드를 보여주지 않는 것, 상대방이 내가 무엇을 할지를 모르게 하는 것이 하나의 협상 전략일 수 있습니다. 그런데 보통 그것은 서로 이익을 가지고 나눌 때 하는 것이지요. 북핵 문제처럼 아주 중요하고 큰 문제, 말하자면 사태의 향방에 국가의 운명이 걸려 있는 아주 중대한 문제에서는 상대방이 내가 어떤 행동을 할 수 있다는 것을 예측하게 해주어야 하는 것이지요. 내 포지션이 정확할 때 상대방이 산수로, 전략적 산수로 계산하고 그다음에 행동하기 때문에 서로 예측하기가 좋은 것이거든요."

대통령의 조건으로 유독 '역사적 안목'을 강조했던 정치인 노무현. 그는 남북문제를 풀 때는 더욱 그것이 필요하다고 했다. "천 년의 역사 속에서 봐야 해결의 원칙이 생긴다"고 했다.

"나는 한건주의, 성과주의로는 절대로 남북관계가 제대로 풀리지 않는다는 생각을 가지고 있어요. 이것은 이미 수천 년의 역사를 가지고 있는, 수백 년의 역사를 가지고 있는 한반도를 둘러싼 대결 구도의 일부일 뿐이지요. 멀리 보면 임진왜란 때부터 시작된 대륙과 해양 세력 사이의 대결관계입니다. 근대화 이후에는 그 대결관계의 각축이 더 확실히 있었던 장이 한반도거든요. 이 세계 지도의 구조 속에서 분단이 나온 것이 아니냐, 그렇기 때문에 이 전체의 구조를 가지고, 동북아 질서 전체를 바꾸어나가는 작업을 병행하는 그런 안목을 가지고 작업을 해나가지 않으면 안 된다. 단발성 이벤트를 가지고는 역사적 진전을 이룰 수 없다는 것이죠."

임기를 5개월 정도 남겨두고 남북정상회담을 하셨는데, 너무 늦지 않았나요?

"나는 이것을 (내 국정의) 중요한 마무리라고 생각했습니다. 대북정책의 한 단계 마무리라고 생각한 거지요. 또 남북정상회담이 6자회담의 중대한 합의였던 9·19성명을 실행하는 과정에 긍정적으로 작용하는 동력이 된다고 생각한 것입니다."

노 대통령은 정권이 바뀌어도 대북정책의 기조는 이어달리기를 해야 한다는 점에서도 남북정상회담은 필요했다고 말했다.

"그다음에 시간적으로 지금 이것을 어느 정도 매듭을 지어서 그 지도를 그려놓지 않으면, 설계도 또는 지도를 그려놓지 않으면, 의지가 다른 정권이 들어섰을 때 진행 과정이 아주 달라질 수가 있거든요. 그런데 이렇게 지도를 다시 그리고, 국민적 합의를 모아놓으면, 다음 정권이 누구든 간에 영 다른 길로 가기가 어려울 겁니다. 그래서 적어도 지도를, 좀 구체적인 지도를 그려보자. 그렇게 놓고 국민적 합의를 모아서 정착시켜놓은 것이죠. 참여정부의 정책이 아니라 국민의 정책으로 매듭을 지어놔야 되는 것이죠."

다음 정권이 들어서면, 한나라당 후보가 집권하더라도 큰 틀을 벗어나기 힘들까요?

"거역하지 못할 것입니다. 지금은 선거 때니까 자기들의 정체성 문제 때문에 시비를 걸지만, 정권을 잡으면 여기서 최대한의 성과를 남기길 바라죠. 노태우 대통령 시절에 북방외교를 했고, 남북기본합의서가 만들어졌고, 남북문제에서 중대한 진전이 있지 않았습니까? 거역하지 못하죠."

거역하지 못한다! 노무현 대통령은 그렇게 예상했지만 한나라당 후보 이명박 씨가 대통령이 되고 2년째를 맞이한 지금, 한반도는 전쟁의 기운에 휩싸여 있다. 이명박 대통령은 노무현 전 대통령의 예언대로 평화 정착의 흐름을 거역하지 못할 것인가, 거역할 것인가?

이 질문에 대한 답은 어쩌면 이명박 대통령이 아닌 그를 뽑아준 국민들에게 달려 있을 것이다. 국민들이 6·15선언과 그 정신을 이어 만들어진 10·4선언을 되새기고, 공부하고, 실현시키기 위해 노력한다면 이명박 대통령은 그 염원을 거스르기 힘들 것이다. 6·15선언 9주년 기념식에 모인 사람들은 두 시간의 행사 동안 "6·15로 돌아가자"는 구호를 수차례 외쳤다.

이 행사에서 김대중 전 대통령은 노무현 전 대통령의 죽음을 안타까워하면서 국민들에게 "행동하는 양심이 되자, 행동하지 않는 양심은 악의 편"이라면서 이렇게 말했다.

행동하면 그것이 옳은 일인 줄 알면서도 무서우니까, 시끄러우니까, 손해 보니까 회피하는 일도 많습니다. 그런 국민의 태도 때문에 의롭게 싸운 사람들이 죄 없이 세상을 뜨고 여러 가지 수난을 받아야 합니다. 그러면서 의롭게 싸운 사람들이 이룩한 민주주의는 누리고 있습니다. 이것이 과연 우리 양심에 합당한 일입니까.

그러면서 노 대통령을 죽인 것은 행동하지 않은 양심, 우리 모두라고 했다.

이번에 노무현 대통령이 돌아가셨는데, 만일 노 전 대통령이 그렇게 고초를 겪을 때 500만 명 문상객 중 10분의 1인 50만 명이라도, 그럴수는 없다, 전직 대통령에 대해 이럴 순 없다, 매일같이 혐의 흘리면서 정신적 타격을 주고, 스트레스 주고, 그럴 수는 없다, 50만 명만 그렇게 나섰어도 노 전 대통령은 죽지 않았을 것입니다. 얼마나 부끄럽고, 억울하고, 희생자들에 대해 가슴 아프겠습니까.

뒤늦은 후회.
이것을 반복하지 않기 위해 우리는 공부해야 한다.
6·15선언? 10·4선언? 9·19성명? 그런 것이 있었단 말이야? 전쟁하지 말자고 합의했단 말이야?
이 얼마나 부끄러운가. 전쟁으로 목숨 잃은 사람들을 위해 눈물을 흘리고 있는 우리들 가운데 10분의 1이라도 전쟁 반대를 더 강하게 외쳤더라면.

# 잘못된 선택이었지만 불가피했다

보기 드문 이상한 일이 두세 번 있었다. 노무현 대통령이 임기 중에 그를 그렇게 미워하던 조중동으로부터 박수를 받은 때가 있었던 것이다. 이라크 파병 결정(2004년 6월)과 한미 FTA 협상 타결(2007년 4월) 때다. 물론 이때 그는 전통적 지지자들로부터 심한 비판을 받았다.

어색한 장면이다. 보수는 그에게 박수를 보내고, 진보는 그에게 돌을 던졌다. "좌회전 깜빡이를 하고 우회전을 한다"는 비판이 진보개혁 세력으로부터 나온 것도 바로 이때다.

왜 그랬을까? 노 대통령은 왜 상당수의 지지자들이 반대하는 그 두 가지를 해치웠을까?

그런데 그 두 가지는 공통점이 있다. 미국과 관련된 것이다. 대통령 노무현에게 미국은 무엇이었을까? 그것은 진보개혁 진영이 미국과의 관계, 더 나아가 미국식 자본주의와의 관계를 어떻게 가져갈 것인가라는 물음과 이어져 있다.

2007년 가을 〈인물연구 노무현〉을 위한 청와대 인터뷰에서 이렇게 물었다.

집권 초기에 이라크 파병 결정을 내리면서 적지 않은 지지자들이 이탈했습니다. 그 결정을 지금 돌아보신다면…….

"이라크 파병 문제는 그 당시에도 그렇고 지금 생각해보아도 우리 역사의 기록에는 잘못된 선택으로 남을 것이라고는 생각합니다. 그러나 그 시기에 대통령을 맡은 사람으로서는 회피할 수 없는, 불가피한 선택이었다고 생각합니다."

"역사의 기록에는 잘못된 선택으로 남을 것"이다. 그는 이라크 파병이 잘못된 선택임을 인정했다. 언론과의 인터뷰에서 그렇게 솔직하게 인정하는 것은 처음인 듯했다. 그러나 대통령으로서는 회피할 수 없는 선택이었다고 했다.

"그 당시 저는 대통령이 역사에 오류를 기록하고 싶지 않다고 해서 기록하지 않을 수 있는 것이 아니구나, 스스로 이것은 역사에 오류로 남을 것 같다고 생각을 하면서도 부득이 그렇게 할 수밖에 없는 그런 경우가 있구나, 그런 것을 새삼 느끼면서 아, 대통령 자리가 참 어렵고 무겁다.(웃음) 이런 생각을 해보기도 했습니다."

대통령으로서 고뇌가 얼마나 깊었는지를 보여주는 대목이다. 노무현 대통령이 이라크 파병을 최종 결정했을 때 그의 지지자 중 일부는 "노무현 찍은 내 손가락을 자르겠다"는 극단적인 표현까지 써가면서 실망감을 드러냈다. 미국 부시 정권의 이라크 침공에 대해 세계의 양심 세력이 '부도덕한 침략'이라고 규탄하고 있는데, 대한민국의 개혁적 양심 세력의 지지를 받아 집권한 노무현 대통령이 부시의 파병 요청에 응한다는 것은 이만저만한 배반이 아니라는 것이었다. 그랬으니, 그럼에도 불구하고 파병을 결정하는 순간 그가 "아, 대통령 자리가 참 어렵고 무겁다"고 생각했을 법하다.

노 대통령은 파병이 불가피했기 때문에 '효율적 외교'로 파병반대 세력이 우려하는 것을 최소화하려고 했다고 말했다.

"그러나 어쩔 수 없이 보내는 것이라 할지라도 그 당시 파병외교는 아주 효율적인 외교였다고 생각합니다. 실제로 그 당시에, 특히 한국의 보수 진영에서는 적어도 1만 명 이상을 전투병으로, 전투부대로 보내야 한다는 게 일반적인 분위기였습니다. 그런데 청와대 안에서도 생각이 두 쪽으로 쫙 갈라져 있었죠. 안보팀에서는 1만 명 이상 보내자고 했고, 다른 쪽에서는 안 된다고 했고……. 결국 전투병인데 비전투 임무로 3천 명을 보내게 된 것이지요."

노무현 정부는 2004년 6월 3천 명의 비전투 병력을 이라크에 파견하기로 결정했다.

"어쨌든 그렇게 되는 동안에 우리 청와대 안보팀이 굉장한 노력을 했습니다. 그 당시 NSC(국가안전보장회의)의 실질적인 업무를 이종석 차장이 맡고 있었는데, 그 사람도 NSC 차장이 아니었으면 개인적으로는 파병 반대론 쪽에 서 있을 사람이 아닌가 싶어요.(웃음) 그런데 어쨌든 파병을 반대하지 않고 미국하고 계속 협상을 해서, 시간을 끌며 협상을 해서, 결국 비전투 임무로 3천 명 이렇게 딱 마무리 짓고 미국으로부터 대단히 감사하다는 그런 인사를 듣게 되었지요."

노무현 대통령은 그런 과정에서 참모의 중요성을 느꼈다고 했다.

"나는 그 이종석 차장을 굉장히 감사하게 생각하지요. 나 혼자였으면 그렇게 감당할 수 없었던 일인데, 신중하고 충성심이 있는 참모가 정말 참 중요하다는 생각을 하게 되었지요."

노 대통령은 "그 이후 한미관계에서 여러 가지 현안들을 처리해갈 때마다 자이툰 부대 파병이 정서적으로 지렛대 역할을 계속했으니……" 라면서 '효율적 파병외교' 시도는 효과가 있었음을 강조했다.


파병 결정이 역사적으로는 잘못된 선택으로 기록될 것이라고 하셨는데요. 그렇게 생각하면서도 대통령으로서 불가피하게 파병을 결정했다면 그것은 파병을 하지 않았을 때의 국익 손상을 심각히 고려했다는 말로 들립니다. 어떤 국익 손상을 예상하셨나요?

"한 가지는 정부 간 관계이지요. 한미군사동맹을 비롯해서 그 외의 한반도 관련 문제들에 한미 공조가 필요한 부분이 있는데, 이런 문제들의 진행까지 여러 가지로 갈등이 많이 생기게 되지요. 결국 일이 잘 풀리지 않는 상황이 됩니다. 자연히 그와 같은 국가적 업무를 수행하는 사람도 감정을 가진 인간이라 실제로 쉽지 않게 되지요.

또 하나는 미국 국민들이 상당한 배신감을 느낄 가능성이 있습니다. 그것은 좋지 않은 일이라고 생각합니다. 우리가 한미관계를 지금과는 다른, 좀 더 발전적인 관계로 가야 한다는 것은 분명한 방향입니다. 그러나 하루아침에 한미 간의 관계가 서로 등을 진다든지, 또는 갈라진다든지 이렇게 급격하게 전환하려는 그런 변화는 좋은 일이 아니지요."

한미 정부 간의 관계뿐 아니라 양국 국민들 간의 관계도 고려해 파병을 결정했다는 설명이다. 아무튼 이라크 파병은 이뤄졌고, 2007년 5월 19일 첫 사망자가 발생했다.


한 젊은이가 파병 찬반 논란이 있었던 이라크에서 숨졌습니다. 이런 뉴스를 접할 때 대통령으로서 무엇을 느끼십니까?

"내 탓인가, 그런 부담이 생기기도 하죠……."

대통령은 한동안 말이 없었다. 그러면서 이런 화두를 꺼냈다. 과연 국가가 국익을 위해 국민을 희생시킬 수 있느냐?

"그러나 한편으로 보면 거기 가 있는 여러 나라 장병들이 모두 막대한 희생을 치르고 있습니다. 결국 국가가 국익을 위해서 국민을 희생하게 할 수 있느냐, 이런 것은 인간과 국가의 역사에 있어서 영원한 문제이지요. 얼마나 큰 수수께끼입니까? 그런데 대체로 지금까지 모든 국가가 국익이나 국민 전체의 이익을 위해서 사람들을 징집하고, 목숨을 걸고 전장에 나가게 하는 일들을 하고 있습니다. 그것이 국가가 현재 하고 있는 보편적인 행동 양식이지요. 인류 역사의 발전 단계에서 현재의 역사가 아직 그 수준에 있습니다. 그것이…… 글쎄요, 그럴 필요가 없어지는 역사가 이루어질 수 있을지는, 아직 나도 확신할 수가 없네요."

이라크 파병은 우리에게 미국은 무엇인가라는 질문을 던져주었다. 노 대통령은 국제무대의 현실을 이야기했다.

"국제무대에서 우리가 미국의 힘을 빌려야 될 일도 많습니다. 또 경제 시장에서도 미국과의 관계를 원만하게 유지해가는 것이 상당히 필요합니다. 그렇기 때문에 기존의 관계를 개선하려면 점진적으로 풀어나가야 하는 것이지요. 마른나무 부러뜨리듯이 그렇게 딱 부러뜨리는 것은 아니라고 생각합니다."

노 대통령은 자신의 그런 시각에 대해 비판하는 일부 진보 진영의 시각을 의식하고 있었다.

"미국에 대한 관계에서 내가 한 일에 대해 비판적인 견해를 가진 사람들이 상당히 있죠. 그런 비판이 있다는 것을 나도 알고 있는데, 그 사람들한테 이렇게 물어보고 싶어요. 미국이 빠지고 새로운 동북아 질서를 재편할 수 있느냐. 미국이 빠지면 동북아 질서라는 것은 논의를 할 수가 없어요. 한국이 미국과의 관계를 관리하는 것은, 동북아의 새로운 질서, 한반도의 질서 개편 과정에 미국이 결정적인 힘이기 때문에 그런 거지요. 그런 관점에서 평가를 해야 합니다."

"마른나무 부러뜨리듯이 해서는 안 된다. 미국이 빠지면 동북아 질서는 논의할 수 없다." 이 말을 들으면서 우리는 정치인 노무현의 또 다른 모습을 본다. 현실주의자 노무현.

정치인 노무현은 국내 문제를 다룰 때와 국제 문제를 다룰 때 사뭇 다른 면모를 보여줬다. 국내 정치에서는 탄핵을 일부러 '유발'했다는 말을 들을 정도로 타협을 몰랐다. 언론 문제, 특히 조중동과의 싸움에서는 타협을 고려하지 않았다. 임기를 6개월도 채 남겨두지 않은 상태에서도 언론을 개혁하겠다고 기자실 문제에 집착했던 그다. 그러나 그는 파병 문제, 북핵 문제 등 국제외교 분야에서는 끈질기게 기다리고 또 기다리면서 결국 현실적인 타협을 했다.

노무현 대통령은 참여정부평가포럼(2007년 6월 2일) 연설에서 이렇게 말했다.

> 무엇이 원칙이고 무엇이 전략인가. 원칙은 타협할 수 없는 것이고 전략은 타협할 수 있는 것입니다. 그렇게 이론은 말할 수 있습니다. 그러나 타협할 수 없는 원칙이라는 것은 가치 그 자체를 말하는 것입니다. 적어도 민주주의 정도의 수준을 갖춘 가치 그 자체가 타협할 수 없는 원칙인 것이고 나머지는 타협할 수 있습니다. 예를 들면, 당내에서 FTA 같은 경우는 타협할 수 없는 원칙이 아니라는 것입니다. 저는 이라크 파병까지 그렇게 봤습니다.

# 미국의 압력? 뛰어들어야 낙오하지 않는다

노무현 대통령이 재임 중 미국과 관련된 정책으로 그의 전통적 지지자들과 크게 등진 것은 이라크 파병 말고도 또 있다. 한미 FTA 체결. 대통령 노무현은 왜 자신의 전통적 지지자들 상당수가 반대하는 한미 FTA를 적극적으로 추진했을까? 일반 지지자들뿐 아니라 여권 내의 반발도 적지 않았다. 여당에서는 김근태 의원과 천정배 의원 등 참여정부에서 장관을 지낸 인사들이 단식을 하면서까지 반대했다. 청와대 정책실장(2003년~2006년 11월)을 지낸 이정우 경북대 교수는 "대통령에 대한 충성보다는 나라에 대한 충성이 더 무겁다고 판단"한다며 한미 FTA를 반대하는 글을 썼다. 정태인 전 청와대 비서관은 한미 FTA를 반대한다며 전국 순회 강연을 했다. 반대론은 이렇게 집약된다. '노무현 대통령이 부작용투성이인 미국식 신자유주의에 투항하고 있다. 대책 없이 한미 FTA를 졸속으로 추진하면 한국 경제를 위기에 빠뜨릴 수도 있다.'

노무현 대통령은 그런 전통적 지지자들의 걱정과 반대에도 불구하고 2007년 4월 2일 미국과 한미 FTA 협상을 최종 타결했다. 2007년 가을 〈인물탐구 노무현〉을 위해 청와대에서 노 대통령을 인터뷰할 때는 그 찬반 논란의 여진이 남아 있는 상태였다.

협상은 타결됐지만 국회 비준이 쉽지 않을 것으로 보이고, 후유증도 적지 않게 남아 있습니다. 참여정부에서 장관을 지낸 김근태, 천정배 의원이 단식농성을 하면서까지 반대했는데요. 그 모습을 보시면서도 추진 의지가 흔들리지 않았습니까?

"내가 기억을 못하고 있는지 모르겠지만, 그분들이 장관으로 있을 때는 한미 FTA에 대해서 내게 아무 말도 안 했습니다. 적어도 나하고 쉽게 독대할 수 있는 사람들이지 않습니까. 정면으로 문제를 이야기할 수 있는 위치에 있는 사람들인데 그렇지 않았습니다."

대통령은 여권 내의 한미 FTA 반대론자들의 논리가 탄탄하지 않았다고 했다. 한 여권 인사의 청와대 방문 건을 예로 들었다.

"반대한다면서 나를 찾아왔어요. 그래서 내가 물었어요. 한미 FTA 하면 실업자가 나오는 산업 부분이 어디냐. 어느 산업 부분, 어느 직종에서 실업자가 나온다고 하더냐. 농업하고 제약업은 그럴 가능성이 많다고 우리가 인정하는 부분이니까 그것 빼고 또 어느 부분이냐? 그 분이 한참 있다가 '내가 공부가 부족해서 거기까지는 모르겠다'고 그래요. 그다음에 공부를 더 했는지는 모르겠는데, 그 후에도 계속 반대한다고 하더군요."

청와대 비서관이었던 정태인 씨는 한미 FTA 반대 전도사가 되었습니다. 강연 요청이 계속 들어오니까 전국을 순회하면서 해왔다고 합니다. 걱정과 우려의 논리가 탄탄하니까 계속 강연 요청이 들어왔을 텐데요.

"정태인 씨는 그야말로 그가 지금까지 신봉하고 있는 노선을 견지한 것이지요. 그래서 정태인 씨하고 이야기할 때는 한국의 진보적 노선이 이대로 가는 것이 맞는가, 이런 관점에서 접근해야 합니다."

이날 한미 FTA에 대한 대통령과의 대화는 이라크 파병에 대한 이야기를 나눈 직후에 나왔다. 그래서 이런 가정을 해봤다. 만약 한미 FTA에 대한 대통령의 판단이 틀렸다면?

이라크 파병은 그렇다 치자. 그것은 파병된 장병들이 철수하는 날, 그 결정의 파장도 종결될 수 있으니까. 그 '역사적으로 잘못된 선택'의 영향도 그렇게 길게 가지는 않을 테니까.

그런데 한미 FTA가 실현됐을 때 그 파장은 어떠할까? 반대론자들은 이 문제가 단순히 한국 시장을 미국 기업들에게 추가 개방하는 수준이 아니고, 부작용이 만만치 않은 미국식 신자유주의 제도와 철학을 우리에게 이식시키는 것이라고 주장하고 있으니 말이다.

한미 FTA는 어느 정도 충분히 준비된 것입니까? 반대론자들은 우리 정부가 처음엔 할 생각도 없었는데 갑자기 준비도 안 된 상태에서 너무 서두르기 시작했다고 합니다.

"그것은 사실이 아닙니다. 전체적으로 FTA가 필요하다, 이것은 내가 대통령 취임하고 반년이 지나지 않아서 그런 방향으로 이미 결정하고 있었습니다. 그러나 집권 초기에는 한·칠레 FTA 때문에 한미 FTA를 생각할 겨를이 없었습니다. 현실적으로는 한·칠레 FTA 비준 문제 때문에 굉장히 시달리고 있어서 더 추가적인 FTA를 논의할 여유가 없었던 편입니다."

대통령은 그 후의 본격적인 추진 과정을 잘 기억하고 있었다.

"그 후에 우선 좀 만만한 상대들하고 FTA를 먼저 추진했지요. 일본하고의 FTA를 시작하고 좀 깊이 들어가면서 협상을 해보니까 일본이 내놓은 조건이 우리에게 너무 맞지 않았습니다. 우리가 그 위험 부담을 하는 만큼의 대가를 받을 수가 없기 때문에 도중에 중단했지요. 그러는 동안에 이제 한·캐나다를 하게 되었는데, 그때 통상본부장이 한·캐나다 FTA를 통해서 미국을 끌고 오겠다, 이렇게 말한 적이 있어요. 그때부터 한미 FTA를 본격적으로 연구하기 시작한 것이지요. 연구 끝에 결국 해볼 만하다고 결론을 내렸던 겁니다. 그리고 해보되 이왕이면 우리가 먼저 접근해야 한다고 결론이 내려졌기 때문에 추진을 하게 된 겁니다."

참여정부는 2003년 9월 FTA 추진 로드맵을 확정하고 동시다발적으

© 노무현

로 FTA 협상을 추진했다. 그 결과 2007년 가을 인터뷰 당시까지 16개국과 FTA를 체결하고 추가로 40여 개국과 사전 협상을 진행하고 있었다.

노 대통령은 "우리가 먼저 접근해야 한다"는 점을 강조했다. 그런 자세는 이라크 파병 때와 비교된다. 미국과 관계 맺는 방식에서 큰 차이를 보인다. 이라크 파병 건에서 미국은 그에게 내키지 않는, 회피하고 싶은 결정을 하게 압력을 가한 강대국이다. 한미 FTA 때는, 노무현 대통령의 설명이 사실이라면, 미국은 그에게 압력을 넣는 강대국이 아니라 우리가 선제적으로 개척해야 할 시장이다. 수동성과 능동성의 차이다.

이런 능동적 입장은 2007년 6월 참여정부평가포럼 연설에서도 구체적으로 밝힌 적이 있다.

> 개방은 시장을 넓히는 전략입니다. FTA와 적극적인 해외 투자, 이런 것인데 개방도 이제는 단순히 소극적으로, 수동적으로 개방하는 것이 아니라 우리가 능동적으로 시장을 개척해나가는 전략이 필요하다고 생각합니다. 이 점에 관해서 많은 논란이 있습니다만, 역사를 돌이켜 보면 교류하지 않은 문명은 전부 쇠약하고 소멸했습니다. 세계의 역사, 이른바 물질적 측면의 세계 역사는 통상 국가가 주도해왔습니다. 물질문명을 주도하는 국가가 오늘날 세계를 지배하고 있습니다. 물론 한국이 세계를 지배하고자 하는 것은 아닙니다만, 그러나 지배받지

않으려면, 지배력에 대항하려면 적어도 그 정도의 실력을 갖추고 있어야 한다. 그래서 우리도 통상국가가 돼야 한다는 것이지요. 선진적 통상국가가 돼야 한다는 것입니다. 그래서 개방하고, FTA도 해야 합니다.

이러한 능동적 개방론을 듣고 보니 이 점이 궁금해졌다. 노무현 대통령은 정치권력과 시장권력 사이에서 시장권력의 힘이 너무 커지는 것을 민주주의 위기라고 했고, 시장경쟁에서 낙오된 약자를 보호하기 위해 정치권력이 시장권력을 통제할 수 있어야 한다고 했다. 그런데 미국식 신자유주의는 그 흐름과 거꾸로 가고 있다. 그래서 한미 FTA 반대론자들은 그것이 체결되면 일국의 정치권력이 다국적 시장권력을 통제하기 더 어려워질 거라고 걱정하고 있다. 노 대통령은 이러한 문제점을 충분히 고려하면서 그것을 추진하고 있을까?

그런데 한미 FTA를 체결해서 우리 경제가 좋아질 것이냐, 또 부작용이 발생한다면 그것을 우리 경제가 감당할 수 있느냐, 그런 점에 대해서는 대통령께서 확신을 가질 수 있었던가요?

"아무리 열심히 연구하고 분석하고, 흔히 말하는 시뮬레이션을 해도 여전히 불확실성은 남아 있습니다. 불확실한 미래에 뛰어드느냐 아니냐의 문제가 남는 겁니다. 그런데 지금 세계 경제가 이렇게 운동해가는 과정에서 우리가 FTA를 회피해버려도 함께갈 수 있느냐? 낙오할 수도 있는 것이지요. 불확실하지만 뛰어들어야 적어도 낙오하지 않는다는 것이지요. 또 경우에 따라서는 조금 일찍 뛰어들면 남들보다 앞서갈 수 있는 기회를 포착할 수도 있지요."

노무현 대통령은 그런 경제적 실익 외에도 또 다른 이유가 있어서 한미 FTA를 추진했다고 말했다. 우리 국민이 변화를 감당해낼 수 있다는 믿음이 있었다는 것이다.

"우리 국민들의 역량에 대한 믿음입니다. 버거운 사태가 벌어졌을 때, 또는 어떻든 지금부터 변화해야 하는 과제가 던져졌을 때 우리 국민들은 지금까지 한 번도 실패하지 않았다 할 만큼 적응력이 높다는 것이지요. 그래서 감당해갈 수 있다는 믿음, 우리 국민들의 역량에 대한 믿음, 그것이 FTA를 결정하게 된 중요한 이유입니다."

그 믿음이 있었기에 국민들에게 "새로운 세계에 대한 도전의 메시지를 줄 필요가 있다"고 생각해 한미 FTA를 결정했다는 것이다.

"결국, 그런 것이지요. 아무리 앞서가고 싶은 지도자가 있어도 국민이 이 새로운 상황, 또 혼란스러운 변화를 감당할 수 없을 것이라고 생각하면 절대로 결단하면 안 되지요. 그런데 국민이 충분히 감당할 수 있다고 보면 결단하는 거지요. 저는 우리 국민에 대해서 그만한 믿음은 가지고 있습니다. 그런 것이 있었기에, 말하자면 새로운 세계에 대한 도전의 메시지를 국민들에게 줄 필요가 있다고 생각했습니다. 그래서 한미 FTA를 결정한 것입니다."

노무현 대통령은 이 대목에서 한국의 진보주의자들에게 할 말이 있다고 했다.

"우선 한국의 진보주의자들에게 역사의 사실을 존중하라는 말을 전하고 싶습니다. 역사라는 것은 과거로부터 법칙을 배우고 그 법칙으로 현재를 이해하고 미래를 예측하는 것 아닙니까. 진보주의자들이 주로 개방 문제와 관련해서 그동안 주장했던 것이 그 이후에 사실로 증명된 것은 하나도 없습니다. 전부 다 사실이 아닌 것으로 증명이 되었습니다."

대통령은 예를 이렇게 들었다.

"예를 들자면, 1980년대 초반에 외채망국론, 나도 열심히 강연하고 다녔습니다. 책 읽고, 팸플릿도 읽고. 그런데 일면의 논리는 있지만 적어도 우리나라에서는 맞지 않았습니다. 그 뒤에 WTO(세계무역기구) 가입 반대도 했지요. 그런데 만약 그때 우리가 WTO에 가입하지 않았더라면 우리 한국이 어떻게 되었을 거냐. OECD(경제협력개발기구) 가입도 마찬가지입니다. 나도 그때 야당 국회의원이라서 쉬운 대로 안주거리처럼 OECD 가입을 반대하고 다녔습니다. 그런데 OECD 가입이 지금 와서 잘못됐다고 이야기하는 것은 좀 맞지 않은 것 같고요……."

'쉬운 대로 안주거리처럼' 반대했다는 표현이 인상적이다. 대통령은 계속 말을 이었다.

"그 이후에도 이제 우리나라 서비스업, 특히 유통업의 개방이 많이 있었고 또 한·칠레 FTA까지 개방이 있었지만 이 개방 문제는 별 문제 없이 다 넘겨왔습니다. 내가 여기까지 이야기하면 아마 진보 진영에서 '금융 개방해서 외환위기 당하지 않았소?' 이렇게 말하고 싶겠지만, 그것은 개방 자체의 문제가 아니라 개방의 준비가 부실해서였지요. 금융 개방이라고 하는 아주 중요한, 말하자면 경제 전체의 핵심적인 시스템에 해당하는 금융 개방 문제에 준비가 부실한 부분이 있었습니다."

그는 외국 자본이 국내에 진출하는 것을 경계만 해서는 안 되고 활용해야 한다고 했다. GM대우와 르노삼성을 예로 들기도 했다. 대우차와 삼성차가 어려워져서 외국 자본이 들어온다고 하니까 당시에는 반대하는 목소리들이 거셌지만, "외국 자본이 들어와서 한국 자본을 지배하고 결국 한국 국민을 노예화한다는 그 비슷한 논리"가 있었지만, "지금은 그 공장들 여전히 잘 돌아가고 있다"고 했다.

노무현 대통령은 "정치하는 사람은 역사적 사실을 인정하는, 과학적인 자세를 가져야 한다"고 했다.

"그래서 이런 현실, 역사적 사실을 제대로 돌아보지 않는 자세는 공부하는 사람들의 자세도 아니고, 정치하는 사람들의 자세도 아닙니다. 정치하는 사람들이야말로 정말 과학적인 자세를 가져야 하는 것이지요. 객관적 사실을 사실로 인정할 줄 알고, 그래야 오늘을 바로 해석할 수 있고 내일을 예측할 수 있는 것입니다."

그는 정치인이 학자보다 더 과학적이어야 한다고 했다.

"학자들이 미래를 예측하는 것 같아도 정치하는 사람들이 가장 과학적이어야 하고, 실제로 정책에 있어서도 학자들보다 한 걸음 앞서가는 것이 정치입니다. 그게 현실입니다. 정치에 참여하는 진보주의 사람들에게 꼭 부탁하고 싶은 것은, 정책은 반드시 현실 속에서 과학적 검증을 거쳐야 한다는 것이죠."

노 대통령의 한미 FTA 반대론자들에 대한 인식은 그랬다. 그래서 그들에게 이렇게 충고했다.

"그러니까 공허하게 교조적인 이론에 매몰되어서 흘러간 노래만 계속 부르지 마라, 이겁니다. 일부 고달프고 불평스러운 사람들을 선동해서 끌고 갈 수 있을지도 모르고, 일부 이른바 강단사회주의라고 이야기하는 급진 지식인들은 뭉쳐갈 수 있을지 모르지만……."

노 대통령은 참여정부평가포럼 연설에서도 한미 FTA 반대론자들을 비판했다. 그는 미국 압력론, 반미론에 정면 대응했다. "미국의 압력 때문에 FTA를 추진한다는 논리는 미국 콤플렉스에서 나온 것이며 그런 사대주의적 사고는 버려야 한다"고 했다.

제가 우리 국민들의 자존심을 그렇게 허투루 생각하는 대통령은 아닙니다. 압력이라는 용어를 자꾸 쓰고 있는데, 이건 여러 나라 사이에 상호 간 여러 가지 통상관계에서 요구 조건들을 내걸고 여러 가지 주장을 하고 들어주지 않으면 우리도 상응하는 조치를 하겠다는 것이 국가 간의 보편적인 현상인데, 왜 하필이면 미국 말만 나오면 압력이란 표현을 씁니까? 콤플렉스입니다. 미국 콤플렉스. 미국 콤플렉스는 뒤집으면 일종의 사대주의적 사고입니다.

그는 특히 진보 진영에서 반미, 미국 콤플렉스가 있다면서 이렇게 말했다.

반미라는 것 자체가 적절하지도 않거니와 그것은 열등감의 표현이고, 그것을 거꾸로 뒤집으면 사대주의의 표현이기 때문에 벗어던져야 한다고 말씀드리고 싶습니다.

노무현 대통령이 그런 말을 거침없이 할 때는 2007년 여름이었다. 한미 통상장관들 사이에 2007년 4월 2일 체결된 한미 FTA는 2년이 지난 지금까지 아직 효력이 발휘되지 않고 있다. 미국 의회와 대한민국 국회 양쪽에서 비준 동의를 해줘야 하는데, 그것이 이뤄지지 않고 있기 때문이다.

그사이 세계는 물론 우리 사회에서도 미국식 자본주의에 대한 인식에 변화가 있었다. 미국 경제의 핵심 플레이어였던 월가 사람들은 금융파생상품의 부실이 불거지면서 탐욕만 있고 윤리는 없다는 지탄을 받아야 했다. 리먼 브라더스의 파산으로 상징되던 금융 부실은 제조업으로 파급돼 GM의 몰락까지 이어졌다. 미국식 자본주의는 따라 배워야 할 그 무엇이 아니라 극복되어야 할 대상이라는 인식이 확산됐다.

이런 상황의 변화를 노무현 전 대통령은 퇴임 후 어떻게 받아들이고 있었을까? 그런 상황은 미국식 경제와 한국 경제의 접합이라고 불리는 한미 FTA를 바라보는 그의 입장에 어떤 변화를 줬을까?

2008년 11월 10일 봉하마을에 머물고 있던 노무현 전 대통령은 그가 개설한 토론사이트 〈민주주주의 2.0〉에 '한미 FTA를 재협상해야 한다'는 글을 올렸다.

> 우리의 입장에서도 협정의 내용을 재검토해볼 필요가 있습니다. 한미 간 협정을 체결한 후에 세계적인 금융위기가 발생했습니다. 우리 경제와 금융제도 전반에 관한 점검이 필요한 시기입니다. 국제적으로도 금융제도와 질서를 재편해야 한다는 논의가 일어나고 있습니다. 아마 그냥 넘어가지는 않을 것입니다. 미국도 그리고 다른 나라도 상당히 많은 변화가 있을 것입니다. 한미 FTA 안에도 해당되는 내용이 있는지 점검해보아야 할 것입니다. 그리고 고쳐야 할 필요가 있는 것은 고쳐야 할 것입니다. 다행히 금융제도 부분에 그런 것이 없다 할지라도, 우리도 고치고 지난번 협상에서 우리의 입장을 관철하지 못하여 아쉬운 것들이 있을 것입니다.

그러나 노 전 대통령은 이 글이 한미 FTA에 대한 기존의 입장을 번복하는 것은 아니라고 했다. "저는 FTA를 죽이자고 하는 말이 아니라 제대로 살리자고 하는 말입니다"라고 했다.

이 글을 쓰면서 걱정이 많습니다. 정치적인 이유로 한미 FTA에 대한 입장을 번복했다고 말하는 사람들이 있을 것입니다. 지난날의 잘못을 반성하고 양심선언을 했다고 말하는 사람들도 있을 것입니다. 저의 입장은 그 어느 것도 아닙니다. 전략적으로 대응해야 한다는 것입니다. 그리고 상황이 변했다는 것입니다. 모든 정책은 상황이 변화하면 변화한 상황에서 다시 검토해야 한다는 것입니다. 이렇게 하는 것이 실용주의이고, 국익외교입니다.

그러나 전직 대통령이 이 글을 쓰면서 했던 '걱정'대로 그는 퇴임 후에 다시 한미 FTA에 대한, 그로서는 반갑지 않은 논쟁을 해야 했다. 진보신당의 심상정 대표가 노 대통령의 글을 보고 '노무현 전 대통령의 결자해지를 촉구합니다'라는 제목으로 '본격토론'을 제안했기 때문이다. 심 대표는 이 글에서 노 대통령에게 '고해성사'를 요구했다.

무분별한 개방으로 벼랑 끝으로 내몰리고 경제위기로 공포에 떨고 있는 민초들이 노무현 전 대통령께 기대했던 것은 이명박 정권에 대한 재협상 '훈수'가 아니라 한미 FTA 협정 체결에 대한 '고해성사'였을 것입니다. '내 재임 시 한미 FTA를 밀어붙인 것은 과오였다. 금융 세계화와 개방에 대한 나의 인식은 한계가 많았다. 국민 여러분들께 사죄드린다'는 말씀을 듣고 싶었을 것입니다. 미국의 금융위기로 모든 것이 분명해진 지금, 대통령 시절 '구국의 결단'으로 밀어붙였던 한미

FTA 협정이 나라를 재앙으로 몰고 가는 길이었음을 고백하는 용기를 기대했을 것입니다.

**심상정 대표는 노무현 전 대통령에게 이렇게 물었다.**

노무현 전 대통령께 묻겠습니다. 참여정부가 그 많은 사회적 비용을 치르면서까지 밀어붙였던 한미 FTA 협상의 명분은 국내 서비스산업 의 육성과 질적 도약이었습니다. 말하자면 제조업 가지고는 먹고살기 어려우니 선진국처럼 금융, 서비스업을 새로운 성장 동력으로 삼아야 하고 그를 위해 미국의 선진제도를 도입해야 한다는 것이었지요. 그 런데 새로운 성장 동력으로 삼겠다던 '동북아 금융허브론' 그것은 세 계를 금융위기로 몰아넣은 미국 금융자본의 탐욕에 편승하고자 했던 거 아닙니까? 또 미국과의 FTA라는 '외부 충격'을 통해 달성하고자 했던 제도의 선진화는 결국 '투기와 거품'의 온상을 만들었던 위기의 주범이었음이 확인된 거 아닙니까?

노 전 대통령은 심상정 대표의 이 글에 대해 이틀에 걸쳐 긴 반론을 썼다. 반론의 핵심은 '한미 FTA가 신자유주의의 전형인가'에 모아졌 다. 그는 개방이나 한미 FTA가 곧 신자유주의로 귀결되는 것은 아니 라고 했다.

신자유주의를 한마디로 말하면, '작은 정부' 사상이라 할 수 있습니다. 감세, 복지의 축소, 민영화, 규제 철폐, 노동의 유연화, 개방 등 모든 교리는 '작은 정부'라는 사상에서 비롯되는 것입니다. 따라서 어느 주장이나 정책이 신자유주의 교리의 일부를 수용하고 있다고 할지라도, 전체적으로 보아 작은 정부의 사상에 기초하고 있는 것이 아닐 경우에는 이를 신자유주의로 규정할 수는 없는 노릇입니다. 그러므로 어느 정부가 개방에 적극적이라고 해서 그 한 가지를 가지고 그 정부를 바로 신자유주의 정부라고 규정할 수는 없는 것입니다. 그렇지 않으면 유럽의 여러 나라들도 대부분 개방을 하고, FTA를 하고 있으므로 이들 나라 정부 모두를 신자유주의 정부라고 말해야 하는 결과가 될 것입니다. 그러나 누구도 그렇게 말하지는 않습니다.

이어 노 전 대통령은 그가 정말 하고 싶은 말을 했다. 신자유주의는 부자를 위한 정책인데 참여정부는 사회적 약자를 위한 정책을 펼쳐왔다는 것이다.

신자유주의는 부자를 위한 정책, 시장의 강자를 위한 정책입니다. 김대중 정부는 노동의 유연화를 기존의 판례의 범위에서 받아들였습니다. 일부 민영화를 추진했고, 개방과 한·칠레 FTA를 추진했습니다. 노무현 정부는 민영화는 중단했고, 나머지는 계승하고, 한미 FTA를 추진했습니다. 그리고 모두 일부 감세를 받아들였으나 이것은 대세에 밀린 것입니다. 그러나 그 밖에 전반적으로는 복지제도를 정비하고, 지출을 늘리고 사회적 약자를 위한 정부의 역할을 확대했습니다. 국내총생산 대비 복지 지출과 재정에 의한 재분배 효과도 확대되었습니다. 노무현 정부는 부동산투기 억제정책과 균형발전정책을 강력하게 시행했습니다. 그리고 비전 2030도 내놓았습니다.

노 전 대통령은 이렇게 물었다. 이런 질문까지 해야 하나 하는 섭섭함이 배어 있는 것이었다.

정말 김대중 정부, 노무현 정부가 작은 정부를 지향한 것일까요? 과연 그 정부들이 부자의 정부, 강자의 정부였을까요?

그러면서 "좀 더 유능하지 못했던 점"에 대해서는 "부끄럽게 생각한다"고 했다.

노력은 했으나 경제적, 사회적 약자를 위하여 심 대표가 주장한 만큼의 진보를 이루어내지 못한 것은 매우 아쉽게 생각합니다. 왜 그 정도밖에 가지 못한 것인지는 심 대표도 잘 알고 있을 것입니다. 심 대표가 이 나라의 주류 정치 세력이 되지 못한 이유와 크게 다르지 않을 것입니다. 어떻든 저는 좀 더 유능하지 못했던 점에 관하여 부끄럽게 생각하고 있습니다.

이후 심상정 대표의 반론이 한 번 더 있었으나 노 전 대통령은 인식 차이를 좁히지 못한 것을 안타까워하면서 토론을 끝냈다. 2008년 11월 19일이었다. 반갑지 않은 논쟁을 펼쳤지만, 이틀에 걸쳐 반론 글을 써야 했지만, 그래도 그때는 행복한 시절이었다. 그해 겨울부터 검찰은 봉하마을의 전직 대통령을 겨냥한 수사에 접근하고 있었고, 새로 찾아온 봄에 그는 "책을 읽을 수도 글을 쓸 수도 없는" 상황에 이르렀다.

# 흙탕물에 들어갈 용기가 있습니까

"대한민국 역사에서 정치 교과서를 나만큼 쓸 수 있는 정치인은 아마도 전무후무할 겁니다. 하하."

노무현 대통령은 껄껄 웃으며 말했다.

"내가 정치학 강의를 한다면 아마 100강은 해야 할 겁니다. 200강 해야 하나?"

2007년 가을 〈인물연구 노무현〉을 위한 청와대 인터뷰에서 그렇게 정치의 중요성을 이야기하고, 정치학 강의를 해보고 싶다고 말했던 대통령 노무현. 그런 그가 2009년 봄 검찰 수사를 받으면서 '정치하지 마라'는 제목의 글을 썼다. 이렇게 시작된다.

"정치, 하지 마라." 이 말은 제가 요즈음 사람들을 만나면 자주 하는 말입니다. 농담이 아니라 진담으로 하는 말입니다. 얻을 수 있는 것에 비하여 잃어야 하는 것이 너무 크기 때문입니다.

봉하마을의 전직 대통령은 정치하는 일이 고생에 비해 실속이 없다고 했다. "정치를 하는 목적이 권세나 명성을 좇아서 하는 것이라면, 그래도 어느 정도 성공할 수도 있을 것"이지만 그 "성공을 위하여 쏟아야 하는 노력과 감수해야 하는 부담을 생각하면 권세와 명성은 실속이 없고 그나마 너무 짧다"고 했다.

이웃과 공동체, 그리고 역사를 위하여, 가치 있는 뭔가를 이루고자 정치에 뛰어든 사람이라면, 한참을 지나고 나서 그가 이룬 결과가 생각보다 보잘것없다는 것을 발견하게 될 것입니다. 열심히 싸우고, 허물고, 쌓아올리면서 긴 세월을 달려왔지만, 그 흔적은 희미하고, 또렷하게 남아 있는 것은 실패의 기록뿐, 우리가 추구하던 목표는 그냥 저 멀리 있을 뿐입니다.

그는 정치를 하게 되면 이런저런 수렁에 빠지기 쉽고, 그것을 회피하기란 여간 어렵지 않다고 했다.

문제는 정치인이 가는 길에는, 미처 생각하지 않았던, 그리고 스스로 감당하기 어려운 난관과 부담이 기다리고 있다는 것입니다. 바로 거짓말의 수렁, 정치자금의 수렁, 사생활 검증의 수렁, 이전투구의 수렁, 이런 수렁들을 지나가야 한다는 것입니다. 특별히 좋은 조건을 가진 정치인이 아니고는 이 길을 회피하기가 어렵습니다. 많은 사람들이 이 수렁에 빠져서 정치 생명을 마감합니다. 살아남은 사람도 깊은 상처를 입은 사람이 많습니다. 무사히 걸어 나온 사람도 사람들의 비난, 법적인 위험, 양심의 부담, 이런 위험 부담을 안고 살아야 합니다. 그리고 많은 사람들은 말년이 가난하고 외롭습니다.

나는 이 글을 읽으면서 봉하마을의 전직 대통령이 우리들에게 전하는 메시지가 무엇인지를 생각해봤다. 그는 정말 정치를 하지 말라고 하는 것일까? 아무도 정치를 안 하면 그럼 누가 그 일을 해야 할까? 그런데 그 글을 꼼꼼히 읽어보니 결론은 정치를 제대로 할 수 있는 풍토를 만들어야 한다는 것이었다. 한국 정치가 달라져야 한다는 것을 그렇게 말하고 있었다. 그러니까 "정치하지 마라"는 역설적으로 제대로 정치하자는 것이었다.

저는 정치인을 위한 변명으로 이 글을 씁니다. 그러나 그렇다고 정치인을 위하여 이 글을 쓰는 것은 아닙니다. 한국 정치가 좀 달라지기를 바라는 마음으로 이 글을 씁니다. 정치가 달라지기 위해서는 정치인들이 먼저 달라져야 할 것입니다. 그러나 저는 정치인의 처지에 대한

시민들의 이해도 중요하다는 생각으로 이 이야기를 합니다. 주인이 알아주지 않는 머슴들은 결코 훌륭한 일꾼이 될 수가 없을 것이기 때문입니다.

그런데 이상한 일이다. 2009년 봄의 노무현 전 대통령은 어쨌든 그렇게 '정치하지 마라'는 글을 남겼지만, "바보 노무현, 그의 죽음 때문에 처음으로 정치를 해볼까 하는 생각이 들었다"고 하는 사람들이 늘어나고 있다. 내가 만난 한 연구단체의 지식인은 "조용히 연구만 하려고 했는데 지방자치단체장이든 국회의원이든 정치를 해야겠다는 생각이 들어 요즘 준비를 하고 있다"고 했다. 또 다른 지식인은 "처음으로 꼭 복수하고 싶다는 생각을 해봤다. 심지어 나마저도 정치를 한 번 해보고 싶다는 생각이 들었다"고 했다. 무엇에 복수하고 싶다는 것일까? 전직 대통령마저 스스로 목숨을 끊어야 하는 한국 사회, 그것을 제대로 바꿔보고 싶다는 것일 게다.

엄마 누리꾼 이지윤 씨도 그런 경우다. 그는 "나의 어린 아들에게 정치인이 되어보라고" 권했다고 했다. 그는 〈인물연구 노무현〉의 한 쪽지를 인터넷에서 읽었다면서 나에게 이런 쪽지를 보내왔다.

정말 잘 읽었습니다.

저는 아무래도 노무현 대통령의 가짜 팬이었나 봅니다.

그분의 심중을 어찌 제대로 아는 것이 이리도 없었는지 모르겠습니다.

가시고 난 다음에야 이렇게 하나씩 알게 되는 그분의 모습이 너무 아리도록 안타깝기만 합니다. …… 민주주의 …… 과연 무엇인지…….

저의 어린 아들에게 정치인이 되어보라 했습니다. 노무현 대통령을 닮은 정의로운, 사람다운 정치인이 되기를 권했습니다. …… 마지막에 대통령께선 지인에게 정치하지 말라고 하셨다 들었습니다.

어느 것이 올바른 선택인지…….

제 아들이 어른이 되어 정치인이 되었을 땐 썩어빠진 저 조중동은 정신을 차릴까요? …… 좀 더 싸워보시지 …… 그러셨습니까? 너무 무거운 짐이셨는지요? 저는 아무래도 노무현 코드의 정서와 맞는 사람인가 봅니다.

당신을 자꾸만 사랑하고 …… 아쉬워집니다.


만약 여러분이라면 자녀가 정치인을 꿈꾼다고 할 때 어떤 말을 해줄까? 아마도 이런 논리로 자녀가 정치인이 되려는 것을 말리는 일이 더 많지 않을까 싶다. 정치권에서 20여 년이나 단련돼 승부사 소리까지 들었던, 그래서 대통령 자리에까지 오른 노무현이 "정치하지 마라"는 말을 남길 정도로 그 판이 무시무시한데, 좋은 소리 못 듣고 몸만 망가지는 곳인데, 왜 그 길을 가려 하나?

그러고 보면 이 엄마 누리꾼은 용기가 있다. 노무현 대통령이 남긴 '너무 무거운 짐'을 나눠 지기 위해 아들에게 '정의로운, 사람다운 정치인이 되기를' 권했다니 말이다.

노무현 전 대통령 서거 이후, 정치와 인연 없던 사람들이 정치를 해보겠다는 마음을 품게 되는 것을 보고 나는 이런 생각을 해봤다. 만약 노무현 전 대통령이 다시 우리에게 나타나 예비 정치인들에게 강의를 한다면, "노무현 때문에 정치를 해야겠다"고 작심한 사람들에게 강의를 한다면 예비 정치인의 첫 번째 준비사항은 뭐라고 할까?

내가 2007년 가을 청와대에서 노무현 대통령에게 들었던 '개인특강'을 되새김해보면, 그것은 아마도 용기라고 할 것이다. 정치인은 신뢰를 얻는 것이 중요한데 그것을 얻기 위해서는 용기가 필요하다고 할 것이다. 대통령 노무현의 표현대로 하면 "오랜 기간 동안 흙탕물 속에 들어가 검증받아 신뢰를 만들어낼" 용기가 필요하다. 그동안 자기가 놀던 물이 아닌 흙탕물에서.

내가 노무현 대통령을 인터뷰한 2007년 가을은 대선 정국이 한창 진행되고 있었다. 집권 여당인 민주당은 당시 당내 경선에서 재미를 못 보고 있었다. 국민에게 감동을 줄 만한 후보가 없었기에 흥행에 실패하고 있는 상태였다. 대조적으로 한나라당 경선은 이명박 – 박근혜 박빙승부로 초대박을 내고 있었다. 경선 흥행 성적에서 이미 2007 대선은 한나라당 후보의 승리로 기울고 있었다.

그래서 진보개혁 진영에서는 장외에 있던 유한킴벌리 사장 문국현 씨에 주목했다. 그는 장고 끝에 대선 출마를 막 선언한 상태였다. 사람 중심 경제를 내걸고.

나는 노 대통령에게 신인 정치인 문국현을 어떻게 보는지 물어봤다.

아직은 제한적이긴 한데 인터넷 공간에서 일종의 문국현 바람이 일 조짐이 보이고 있습니다. 그런 CEO는 정치 지도자로서 성장 가능성이 어떻다고 보십니까?

"이제 그…… 그 양반이……."

잠시 생각을 가다듬더니 노 대통령은 이렇게 말했다.

"예. 문국현 씨는 특별한 CEO죠. 공정한 시장에서 함께 가는 경제, 함께 가는 기업을 성공한 사람이어서, 그쵸? 그런 이상적 모델을 성공시킨 사람이어서 이명박 씨하고는 뭐 현저히 다르지요."

그러나 거기까지였다. 결론은 "아직 잘 모르겠다"였다.

"이명박 씨와는 다르지만, 그러나 정치의 장에서까지 잘할 건지는 나도 잘 모르지요. 정치라는 것은 아까도 얘기했다시피 (자기 호주머니, 자기 회사를 생각하기보다는 국민 전체를 골고루 잘 살게 만드는) 공공재를 다루어나가는 여러 가지 기능들이 있는데, 거기까지 잘할 건지는 나도 잘 모르지요."

노무현 대통령은 "이건 내가 좀 확실히 말하고 싶다"면서 "정치에서 정치의 경험은 대단히 중요하다"고 했다.

"나도 뭐 총리도 여러 사람과 같이 일해보고, 여러 장관도 겪어봤는데, 적어도 총리급 이상은 정치의 경험이 굉장히 중요합니다. 그래서 내가 이해찬, 한명숙 총리 시절에는 국무회의에 참석하지 않았고, 그 외의 총리 시절에는 국무회의에 직접 참석을 했습니다. 정치력이 중요하니까요."

어떤 조율, 전략적 선택, 뭐 이런 것입니까?

"그렇습니다. 사람에 대한 이해도 중요하죠. 정책이 있다고 다 실현
되는 건 아니니까요. 복잡한 인과관계, 복잡한 갈등관계 속에서 목표
를 추구해가는 과정이기 때문에 정치적 경험은 굉장히 중요합니다."

노무현 대통령은 "문국현 씨의 가치를 판단할 근거를 아직 가지고 있
지 않다"고 했다.

"새 가게로 손님이 어느 정도 올 것이냐? 중요한 것은 정치는 정당
이 한다는 것입니다. 이것은 매우 중요합니다. 정치는 정당이 집단
으로서, 세력으로서 하는 것이지 개인이 하는 것이 아닙니다. 당은
그리 간단한 것이 아닙니다. 설사 어떤 개인이 홀연히 혜성처럼 나
타나 대통령이 되고 그쪽으로 다 모여서 재결합을 하면 모르겠지만,
그렇지 않은 경우에는 대통령에 당선된다 하더라도 정부를 움직이
지 못합니다."

"당은 그리 간단한 것이 아닙니다." 이 문장에 핵심이 있었다. 그것은
과정, 조직, 역사성을 이야기하고 있었다. 노 대통령은 정치인은 그
속에서 단련돼야 한다고 했다.

노 대통령이 문국현 씨에 대해 "그의 가치를 판단할 근거를 아직 가
지고 있지 않다"고 말한 것은 한마디로 '아직은 신뢰할 수 없다'는 뜻
이었다. 그 신뢰에 대한 판단 잣대는 노무현 - 문국현 간의 것이 아니
고 문국현 - 국민 간의 것이었다. 노 대통령은 정치인이 국민에게 신
뢰감을 주려면 '정치판 흙탕물' 속에서 살아남은 모습을 보여줘야 한

다고 했다.

"아까 정치적 경험이 아주 중요하다 얘기했는데…… 결국 신뢰의 문제입니다. 정치판 흙탕물 속에서 엎치락뒤치락하고 때가 묻은 정치인은 크게 두 부류가 있겠습니다. 흙탕물을 씻어보니까 다 씻기는 사람이 있고, 씻어도 씻어도 안 씻기는 사람이 있죠. 국민은 누구를 신뢰하겠습니까? 이른바 정치판이라는 이 흙탕물 속에 들어와서도 그래도 비교적 때가 덜 묻는 사람을 신뢰하지 않겠습니까? 그런 것이지 구정물 옆에 와보지도 않았던 사람을 어떻게 신뢰하겠습니까?"

적절한 비유였다. 흙탕물 속에 나뒹굴어보지 않고, 구정물 양동이도 날라보지 않고 깨끗한 척 해봤자 소용없다는 것이다. 그래서 용기가 필요하다. 더럽혀질 각오를 하고 흙탕물 속으로 들어가는, 당당하게 검증받고 신뢰를 획득하겠다는 용기.

노 대통령은 과거에 정치권 밖에 있는 '깨끗한 사람'들을 정치권 안으로 스카우트했다가 실패한 경험을 이야기했다.

"우리가 깨끗하다고 생각했던 수많은 사람들을 정치권에 모셔왔지만 많은 사람들이 6개월을 못 견뎠습니다. 다 뭐 탁월한 깨끗한 사람들이었는데, 와가지고 이 판에서 견디지를 못했습니다. 회사 사장 출신들 중에서 정치를 몇 년씩 해가지고 지도력을 발휘하는 사람 봤습니까? 나 한 번도 못 봤습니다. 뭐 내로라하는 기업 경영가들, 기업해가지고 이미지 좋다고 들어왔던 사람들이 얼마 안 있어서 선거법에 걸려버리고, 그다음에 놀라가지고 도망가버립니다."

이 대목에서 잠시 정치판이 얼마나 험악한 곳인지 노무현 대통령 스스로의 경험을 한번 들어보자. 그는 2002년 대선 때만 하더라도 정치자금 문제에 대해 "도저히 투명하게 할 수 없었다"고 고백했다.

"내가 대통령 선거를 치르는 동안에 너무 힘이 들었어요. 아마 지금도 후보들 힘이 들 겁니다. 투명하게 할 방법이 없어요. 도저히 투명하게 할 수 없으니까, 제도적으로 방법이 없으니까 적당히 알아서 할 수밖에 없고요. 합법적으로 정치한다는 것을 불가능하게 만들어놓고요. 그래놓고 여기에 대해서 단죄는 아주 가혹하거든요. 그러니까 대중 정치인들은 더욱 어려운 것입니다. 이런 거는 완전히 개선을 하고 싶었는데…… 결국 내가 절반밖에 해결 못한 겁니다. 절반, 절반의 진보……"

그런 정치판에서 살아남으려면 얼마나 철저히 자기 관리를 해야 할까? 노 대통령의 말은 이어졌다.

"지도자는 정치인 중에서 나와야 된다고 얘기했던 이유가 그저 느낌이 아니라 투명성의 검증을 과연 받았느냐를 묻는 것입니다. 그가 선거판에 들어가서도 꼿꼿할 거냐, 깨끗할 거냐, 그리고 수많은 이해관계가 복잡하게 얽혀 있는 이 정치판에서 지도력을 과연 발휘할 수 있을까, 이런 것들이 종합적으로 검증이 돼야 한다는 말이죠."

정치권 밖에서, 자신의 전문 영역에서 이뤄지는 검증은 1차일 뿐이라는 거였다. 그것만으로는 부족하다는 거였다. 노 대통령은, 그래서 정치권 바깥에 있는 사람을 영입하는 데 힘을 쏟지 않는다고 했다.

"정치권 바깥에 있는 사람들에 대해서는 검증이 안 돼 있기 때문에 난 상대적으로 높은 평가를 하질 않습니다. 그래서 내가 영입 같은 거 잘 안 해요. (CEO나 교수는) 자기 전문적 역량을 활용하면 일반 국회의원감은 되는데, 당을 포괄적으로 지도한다든지 이런 건 안 된다는 것이죠. 검증되지 않아서 위험 부담이 있는 겁니다."

노 대통령은 이렇게 덧붙였다.

"그래서 나는 항상 어떤 사람을 소개받을 때는 '그 사람은 신뢰할 만한 사람이냐?'라고 물어요. 신뢰의 요소는 여러 가지지요. 삶의 자세에 대한 신뢰에서부터 역량에 대한 신뢰까지."

많은 예비 정치인들이 다가오는 지방자치단체장 선거, 국회의원 선거, 대통령 선거에 '나도 한번' 하고 마음을 두고 있을 것이다. 그들 중에는 노무현 전 대통령의 죽음을 보고, 더 이상 정치판을 이대로 두고 볼 수 없다면서 새 인생을 결정한 사람도 있을 것이다. 언제 공개적으로 드러내야 적기일까를 계산하고 있는 사람도 있을 것이다.

그들 앞에 노무현 전 대통령이 나타난다면, 예비 정치인을 상대로 상담을 한다면 아마도 이렇게 말하지 않을까?

'내가 정치하지 마라는 글을 쓰기도 했지만, 누군가는 정치판을 바꿔가야겠지요. 이왕 하려면 제대로 하세요. 너무 계산하지 마세요. 정도를 걸으세요. 빠르면 빠를수록 좋습니다. 유권자와 신뢰를 형성할 충분한 시간을 갖고, 특권을 버리고 몸을 던지세요, 흙탕물 속 검증의 바다로, 시민들 속으로.'

4장 · 진보의 미래

# 바보의 하소연, 왜 이명박입니까

정치인 노무현의 별명은 '바보'다. 2007년 가을 청와대 인터뷰에서 별명 이야기가 나오자 노무현 대통령은 이렇게 말했다.

"사실 그 바보라는 말은 참 많이, 수없이 들어왔던 얘기였습니다. 바보같이 왜 그러냐고, 바보같이, 아흐 바보같이."

누리꾼들이 바보라는 애칭을 붙여주기 전에도 그런 말을 들으셨다는 거지요?

"수없이 들어왔어요, 친구들한테, 수없이. 그땐 핀잔으로 들어온 말입니다. 그땐 슬펐어요."

그 슬프던 것이 느낌이 달라지자 이제는 기분 좋은 것이 됐다고 했다.

"그런데 이번엔 사람들이 붙이는 바보라는 이름이 느낌이 다르더라고요. 원칙을 가지고 욕심을 포기한 사람에게 붙여주는 애칭이라고 생각하니 기분이 좋은 거죠. 나한테는 정말 영광스러운 애칭이죠. 아, 그래서 그때부터 기분이 좋은 바보가 됐어요.(웃음) 기분 좋은 바보가 됐어."

노무현이 바보라는 별명을 갖게 된 것은 언제부터일까? 2000년 3월 22일 유니텔 플라자에 '바보 노무현'이라는 제목의 글이 올라오면서 부터다. 그 글은 당시 삼성에 근무하고 있던 유중희 씨가 썼다. 대기업 직원이자 누리꾼이었던 유씨에게는 2000년 4·13국회의원 선거를 앞두고 부산 출마를 선언한 정치인 노무현이 바보처럼 보였다. "굳이 떨어질 것이 확실한 부산에서 내리 3번이나 더 떨어지는 초라한 바보의 길을 걸어가고 있는."

유씨는 A4 용지 한 장 분량의 그 글에서 이런 희망을 적었다.

> 우리는 그동안 너무도 영특한 사람을 국회의원과 대통령으로 선출하여 너무나 많은 실망을 경험하였다. 그래서 이제는 전 국민이 우직한 바보가 되어 우리 대한민국에서 거짓말하지 않고 정직하며 소신과 지조를 지키고 야합하지 않는 바보 대통령이 탄생되는 그날을 기대해보고 싶다.

유씨는 그 희망을 위해 이렇게 제안했다. 모두 바보가 되자고.

그러나 이번만은 노무현만이 바보가 아니라 그 지역구의 유권자들도 같이 바보이기를 바라고 싶다. '바보 노무현'을 국회의원으로 뽑아주는 바보 같은 부산 시민들! 노무현 바보! 부산 시민 바보! 그리고 나도 그 바보의 대열에 끼고 싶다.

바보 희망가가 유니텔에 올랐을 때 조회 수는 불과 470회에 지나지 않았다. 그중에서 82명만이 추천 버튼을 눌렀다. 그런데 누군가가 이 글을 노무현 홈페이지에 올렸고, 이후 폭발적 조회 수를 기록하면서 바보는 정치인 노무현의 별명이 되었다.

그러나 노무현은 부산에서 낙선했다. 부산 시민이 그와 함께 바보가 되는 것을 거부한 것이다. 패배자 노무현은 이때 그의 별명을 만들어준 유씨에게 이메일을 보낸다.

안녕하십니까? 노무현입니다.

답신이 늦어 죄송합니다.

제가 무어라 감사의 말씀을 드려야 할지 모르겠습니다.

정말 혼신의 힘을 다한 선거에 패하고 나서 아픔도 있었습니다.

또 한편으로는 저를 믿고, 도와주시고, 함께해주신 분들에게 참으로 미안하더군요.

이때 선생님의 저에 대한 격려의 글은 제게 큰 힘이 되었습니다.

홈페이지에 워낙 많은 글이 실려 전부 출력해서 집에서 가족들과 함께 돌려보았습니다.

글쎄, 뭐랄까요.

감동이라고 표현해야 할지…….

제가 헛되게 산 게 아니구나, 제 선택은 옳았구나, 하는 생각이 많이 들더군요.

사람은 자기를 알아주는 사람에게 목숨을 바친다는 옛말이 있지요.

우리 국민이 무엇을 원하고 제게 무엇을 바라는지 다시 한번 깨닫게 되었습니다.

'어려울 때 친구가 진정한 친구'란 말이 생각납니다.

제게 보내주신 이 마음…….

잊지 않겠습니다.

그리고 이 마음 변치 않으려 합니다.

마음을 글로 전한다는 게 참 어렵네요.

이 소중하고, 귀한 인연.

헛되이 하지 않고 최선을 다하겠습니다.

살아가는 동안 가장 아름다운 인연으로 가꾸고 키워보려고 합니다.

최근 인터넷을 매일 한 시간 이상 해야겠다고 마음먹었습니다.

제가 공부할 자료들, 알아야 할 것들에 대해 많이 도와주십시오.

부족한 점이 많습니다.

메일을 주고받으면서 저와 한 걸음, 한 걸음 가까워졌으면 합니다.

성심껏 노력하겠습니다.

지난 6월 6일은 정치인 최초로 자발적으로 만들어진 팬클럽이 행사를 해서 대전에 다녀오기도 했습니다.

선생님 덕분으로 '바보 노무현'이 '행복한 노무현'이 될 것 같습니다.

열심히 노력하겠습니다.

감사합니다.

2000년 6월 9일

노무현 드림

"사람은 자기를 알아주는 사람에게 목숨을 바친다." 인간 노무현이 이 세상에 없는 지금 그 문장이 우리 눈에 박힌다.

이 편지를 낙선자 노무현에게 받았던 유씨는 지금 제주도에 살고 있다. 그와 전화통화를 했다. 그는 생전에 정치인 노무현을 개인적으로 만나본 적도 없고 "멀리서 좋아했다"고 했다. 그는 "대통령이 서거하기 전 검찰 수사를 받을 때 '얼마나 힘드시냐'고 이메일을 보냈다"면서 "제주도에 마련된 두 군데에서 조문을 했다"고 말했다.

바보는 별명에 머무르지 않고 노무현의 정치철학으로 승화됐다. 2007년 가을 청와대 인터뷰에서 대통령 노무현은 "정치 지도자는 공공재를 관리해야 하는 사람인데 그것을 잘하려면 바보가 되어야 한다"고 했다.

"바보라는 얘기가 이런 거 아니겠습니까? 자기의 이익을 위해서 영악하지 않았다, 이거 아니겠습니까? 공공재 중에 가장 중요한 것이 신뢰라고 얘기하는 것인데, 신뢰와 원칙을 위해서 자기 이익을 포기한 사람한테 붙여준 애칭이 바보 아니겠어요. 무릇 공동체 살림을 살겠다고 하는 사람이면 바보로 살아야 합니다."

그런 인식을 갖고 있어서였을까? 대통령 노무현은 CEO 출신 정치 지도자에 대해 그다지 신뢰를 보내지 않았다. 청와대 인터뷰가 진행되던 2007년 9월, 10월엔 17대 대선을 앞두고 한나라당 후보 이명박 씨가 당선 가능성 1위로 거론되고 있었다.

"CEO라는 것은 자기 집에, 자기 호주머니에 부를 끌어모으는 사람입니다. 근데 아까 말했다시피 정치 지도자라는 것은 여러 사람의 호주머니에 대해 관심을 가져야 합니다. 경제 분야로 따진다면, 부자들의 호주머니에서 돈을 꺼내서 그들이 가난한 사람들과 더불어 살게 만드는 역할을 해야 합니다. 더불어 사는 역할을 하는, 공공재를 키워나가는 사람입니다.

정치 지도자는 공공재를 확충해나가는 사람입니다. 개인을 살찌우는 기술이 아니라 늘 공공재를 생각해야 합니다. 시장에서 이기는 것이 목적이 아니라 시장에서 공정한 게임이 이뤄지게 해야 하는 거지요. 경기장을 공정하게 만들고 시장의 게임을 공정하게 운영하도록 그렇게 관리해나가는 사람이 정치 지도자, 정치의 역할이거든요."

그런 역할을 기대하고 있던 대통령 노무현은 2007년 대선 정국에서 벌어지는 장면들을 보면서 혀를 찼다. 정치 지도자의 역할과 시장 지배자의 역할은 분명 다른 것인데, 여야 후보들이 앞을 다퉈 "경제, 경제 하면서 불가능한 것들을 내놓고 있다"고 보고 있었다.

"조중동이 경제, 경제 하면서 밀고 가는데 그 프레임에 빠져가지고 전부 경제, 경제 하고 있어요. 진보언론이라는 곳에서도 마찬가지죠. 〈한겨레〉 독자들이나 〈경향〉 독자들도 다 경제를 1번으로 꼽을걸요?"

노 대통령은 설사 경제를 잘 안다고 하더라도 시대의 요청과 이명박 씨는 맞지 않는다고 했다.

"(이명박 씨는) 구시대, 특권과 반칙 시대의 CEO거든요. 시장이 공정하던 시대의 CEO가 아닙니다. 특권과 특혜로 돌아가던 그 시절에 유능했던 CEO니까 그 사람은 공정 경쟁이 요구되는 요즘 시대에도 안 맞고, 그야말로 (약자를 배려하는) 사회 투자 국가에도 안 맞는 거죠."

이명박 후보가 그런 약점이 있다면 국민들이 왜 그것을 꿰뚫어보지 못할까요? 왜 민주당 후보는 힘을 발휘하지 못할까요?

"정치를 기회주의적으로 한 사람이 이쪽 후보가 되니까 (개혁 진영의 선거 열기가) 완전히 죽어버리죠. 기회주의자와 구닥다리 CEO가 붙으면 선거판은 완전히 죽어버리는 것입니다. 그래도 이른바 사회적 시장경제라든지 어떤 진보적 정치집단이 그쪽과 붙으면 전선이 살아날 가능성이 있지만……."

노 대통령은 여야 대선 후보가 정동영, 이명박 후보로 확정된 10월의 인터뷰에서는 이렇게 말했다.

"이쪽 후보는 연설은 잘하는데 감동이 없습니다. 그 후보의 삶과 행적이 감동을 주는 것이 있어야 하는데……. 아버지 돈 떨어졌다고 아들이 아버지 대접 안 하고, 사장 돈 떨어졌다고 전무가 '회사 부도난다, 빨리 나가라' 하고…… 그러니 감동이 있겠습니까? 이쪽에서 강력하게 '이런 사회를 한번 만들어보자' 그런 것이 있습니까? 그러나 이명박 후보는 기대를 주는 것에 성공했습니다. 청계천 등을 바꾼 사람이니까 무언가 있을 것이라는 기대를."

이명박 씨가 대통령이 된다면 그런 국민의 기대에 어느 정도 부응할 수 있을까? 노 대통령은 당시에 회의적이었다.

노무현 대통령은 인터뷰를 하면서 담배를 자주 피웠다. 2007년 가을, 대선이 무르익어가던 당시는 한나라당 이명박 후보의 독주 체제였다. 이변이 없는 한 노 대통령은 정권 교체를 허용할 수밖에 없는 형국이었다. 그는 그런 상황을 답답해하고 있었다.

노 대통령이 이명박 대통령 시대의 도래를 마땅치 않아 하는 것은 그가 구시대적 CEO 출신 때문만은 아니었다. 신뢰를 주지 못한 것만이 아니었다. 노 대통령은 당시 민주주의가 위기라는 인식을 갖고 있었다. 그것을 과연 이명박 씨가 해결할 수 있느냐? 아니라고 봤기 때문이다.

그렇다면 노 대통령이 말한 '민주주의 위기'란 무엇일까? 시청광장이 경찰차벽으로 봉쇄되고, 미네르바가 구속되고, 임기 중인 대학총장이 쫓겨나고, 이런 2009년 상황이라면 민주주의 위기라는 말이 실감날 터인데, 참여정부인 2007년에 그것도 현직 대통령이 민주주의 위기를 이야기하니 처음엔 그다지 다가오지 않았다.

"정치권력에 대한 시장권력의 강세가 민주주의 위기입니다. 특히 (기업에 거의 무한대의 자유를 보장해주는) 신자유주의가 득세하면서 시장권력이 정치권력과 국가권력을 축소시키고 있거든요. 지금 우리 한국이 그 위치에 있지 않습니까?"

노무현 대통령에 대해 당시 진보 진영에서는 신자유주의 정책을 무비판적으로 따라가고 있다는 비판이 무성했다. 특히 노 대통령은 한미 FTA를 적극 추진하면서 신자유주의 신봉자라는 비판을 많이 들었다. 그런데 대통령은 '신자유주의 득세'에 따른 '민주주의 위기'를 걱정하고 있었다. 그것은 한두 마디 지나가는 걱정이 아니라 비교적 체계적인 논리를 가지고 있었다.

"시장권력이 정치권력의 역할을 축소시키는 것은 긍정적인 면도 있습니다. 국가주도형, 관주도형, 개발독재형 경제를 해체시켜나가는데 긍정적으로 기여하고 있지요. 그러나 부작용 요소도 적지 않습니다. 국가의 권력은 (시장에서 실패한 약자를 보호하기 위해) 적어도 시장권력과 대등하거나 시장을 통제 가능한 수준으로 키워야 하는데 그게 안 되는 거지요. 지금 세계화라는 거대한 흐름이 이것을 거의 불가능하게 만들고 있거든요. 이게 민주주의 위기라는 것이죠."

노무현 대통령은 "정치권력이 시장권력보다 커야 한다"고 강조했다.

"정치권력은 전 국민을 대표하는 권력이고, 시장권력은 시장에서 승리한 강자들의 권력입니다. 시장권력은 시장에서 패배한 사람들을 포함하지 않습니다, 대변하지도 않아요. 그래서 정치권력이 시장권력보다 커야 된다는 것은 명백한 것입니다. 결국 궁극적인 권력은 정치권력이라야 합니다. 정치권력은 이론상 국민주권이니까 전 국민의 권력이거든요."

대통령은 정치권력과 시장권력의 긴장관계를 설명하면서 그 중간에서 언론권력이 어떻게 행세하고 있는지, 그것이 왜 민주주의 위기를 더 악화시키는지 분석했다.

"언론은 전통적으로 정치권력을 견제하면서 자라났습니다. 시장권력을 견제하는 데는 본시 별로 역할이 없었어요. 정치권력에 맞서 견제하는 시민권력이었거든요. 언론은 민주주의 발전 과정에서 분명히 시민권력으로서 정치권력을 견제하는 데는 역사적 업적을 남겼는데, 지금 와서는 그들이 시장권력과 결탁해버렸어요."

대통령은 목소리를 높였다.

"결탁할 수밖에 없죠, 구조적으로. 수입이 거기에서 나오니까. 광고 수입의 기초가 거기 있으니까 시장권력과 결탁해가지고 시장권력을 강화하고 정치권력을 줄여나가는 쪽으로 가고 있어요. 그러니까 자연히 시장에서 패배하는 사람들에 대한 국가의 최소한의 책무, 그것이 지금 방기되고 있는 거 아닙니까? 방기되고 있는 것이죠."

그는 언론권력이 시장권력과 결탁하는 정도가 아니라 일체가 되는 수준까지 이르렀다고 보았다.

"그런데 거기서 언론이 좀 더 커가지고 스스로 시장권력이 돼버렸

거든요. 왜냐하면 옛날에는 광고 갖고 먹고살았는데 이제는 언론 자체가 미디어 산업이 돼버렸지 않습니까? 지금 루퍼트 머독(Rupert Murdoch, 다국적 언론재벌)이 가지고 있는 권력의 크기, 실비오 베를루스코니(Silvio Berlusconi, 이탈리아 총리 겸 언론재벌)가 가지고 있는 권력의 크기, 한국의 조중동이 가지고 있는 권력의 크기를 보세요. 시장 권력으로부터 광고를 받고 대변하는 이런 계약의 관계가 아니라 이미 시장권력과 일체화돼서 그 스스로 선봉을 차지하고 있는 거거든요."

노무현 대통령은 대한민국 사회의 권력 지형도를 그렇게 그리고 있었다. 그런 분석을 전제로 참여정부의 국정 운영의 기조를 잡았다고 했다.

2007년 가을, 퇴임을 6개월여 앞둔 대통령 노무현은 초조해하고 있었다. 도덕 문제와 신뢰 문제가 제대로 검증되지 않았는데도 '경제, 경제' 하는 후보에 마음을 주고 있는 국민들에게 섭섭해하고 있었다.

"지금 민주주의 문제나 도덕적 가치에 대한 문제를 전부 다 무가치한 것으로, 별로 중요하지 않은 것으로 취급하고 있어요. 쟁점화가 안 되고 별 필요 없는 것처럼 그냥 묻혀버린 거죠. 그러나 결코 현실 상황은 그렇지 않습니다. 상황은 절대 그렇게 만만치 않은데도 불구하고 이 문제에 대해서 사람들은 위기감이 없어져버렸어요."

대통령 노무현은 나에게 반문했다.

"뭐가 해결이 됐나요? 내 속이 탑니다. 미치겠어요."

그러면서 이번엔 자신에게 반문했다.

"내가 민주주의를 하지 말았어야 했나요? 민주주의에 대한 위기감이 없어진 게 참여정부에서 권위주의를 해체하고 민주주의를 확장시켰기 때문일 수도 있는데, 그럼 내가 그런 것을 하지 말았어야 했나? 아, 미치겠어."

대통령 노무현은 다음 대통령으로 한나라당 이명박 후보를 선택하고 있는 국민들을 향해 말했다.

"권력이 저쪽으로 넘어가야 이쪽 사람들이 자성도 생기고 투쟁도 생길 겁니다. 지금 사람들이 위기감이 없어지고 전부 관심을 안 갖고 있는 것은 권력이 저쪽으로 안 넘어가 있으니까 그래요."

2009년 5월 29일 16대 대통령 노무현 국민장. 수십만 명이 그의 마지막 가는 길에서 눈물을 뿌렸다. 인터넷 공간에는 뒤늦게야 그의 가치를 알았다는 누리꾼들의 고백이 줄을 이었다.

바보 노무현은 그 국민들을 보고 뭐라 말할까? 그가 친구들에게 들었다는 말이 국민의 한 사람인 내게 꽂힌다.

"바보같이, 아흐 바보같이."

# 노무현의 당선은 기적입니까 당연입니까

대통령 노무현은 토론을 좋아했다. 2007년 가을 〈인물연구 노무현〉을 위해 청와대에서 인터뷰를 할 때도 종종 토론이 벌어졌다. 내가 어떤 질문을 하면 대통령은 바로 대답하지 않고 역질문을 던졌다. 그럴 때면 나는 적당한 답을 얼른 찾지 못해 당황하기도 했다.

예컨대 이런 경우다. 그에게 표를 줬던 지지자들이 점점 떨어져나가는 상황을 어떻게 받아들이고 있는지를 묻자 이렇게 답했다.

"참 어렵죠, 그럴 때. 정말, 정말 어렵습니다. (지지자들 가운데 상처받은 사람이) 뭐 한두 사람이겠어요? 다들 (노무현 대통령이) 나쁘다고 하니까 정말 지지자들이 헷갈리지 않겠어요? 아, (그땐 나도) 내가 이렇게밖에 못하고 있나 싶기도 하고……."

그러다 대통령은 갑작스럽게 나를 보며 물었다.

"근데 한번 물어봅시다. 내가 뭘 잘못했어요? 뭐가 틀렸어요?"

내가 다음과 같은 질문을 던졌을 때도 대통령은 되물었다.

노무현 대통령 당선 초기에 많은 기대를 품었던 사람들이 지금(2007년 10월) 힘이 많이 빠져 있습니다. 하나로 모이는 것도 약해지고요. 여러 가지 이유가 있겠지만, 우리 사회의 이슈들이 굉장히 복잡해지고 다양해지고 있는 것 같습니다. 어떤 한 지도자가 한 방향으로 확 이끈다고 해서 쉽게 풀리는 것이 아닌 것 같습니다.

"지난 두 번의 대선에서 김대중과 노무현이 승리했는데 이 일련의 승리를 당연한 것으로 봅니까, 우연한 것으로 봅니까? 2002년 대선에서 내가 승리한 것은 당연한 것입니까, 아니면 그야말로 우연적인 기적이라고 봅니까?"

두 요소가 섞여 있는 것 아닐까요?

이렇게 어정쩡한 답을 하면서도 내 머릿속 한편에는 노사모, 돼지 저금통, 선거운동원을 자청한 누리꾼들의 동참이 떠올랐고, 또 한편에는 이른바 '제비뽑기'로 불렸던, 정몽준 후보와 단일화를 위한 여론조사 결과 발표 장면도 떠올랐다. 그런데 노무현 대통령의 답은 이것저것을 적당히 버무린 것이 아니었다. 분명했다.

"나는 그것이 우리의 당연한 승리가 아니라고 봅니다. 그야말로 일회적인 승리이지요, 의외의 승리."

그런 단정에 나는 조금 서운했다. 그를 대통령으로 만든 것은 정몽준 후보와 극적인 단일화를 한 것도 있었고, 이회창 후보에 대한 '아들 병역비리 의혹'도 있었지만, 가장 큰 승인은 시대의 흐름, 시대정신 아니겠는가. 그런데 노무현 대통령은 거듭 말했다.

"내가 2002년 대선에서 이긴 것은 이례적인 사건, 특수한 조건들이 결합되어서 만들어진 것입니다. 그것을 우리가 인정하지 않으면, 앞으로 우리는 우리 앞에 놓인 문제들도 못 풀어갑니다."

이것은 내게 선문답처럼 느껴졌다. 노무현 대통령은 왜 2002년 대선은 물론 1997년 대선에서 진보개혁 진영이 승리한 것을 우연이라고, 기적이라고 보고 있을까?

"내가 계속 이야기하지만, 해서 이길 수 없는 싸움들이었습니다. 1997년에 김대중 후보가 이회창 후보를 이길 기회를 잡은 것은 우리의 힘이 아니라 보수 후보의 낙마를 통해서였습니다. 말을 막 타고 달리다가, 어느 날 보수가 말에서 뚝 떨어져버렸어요. 그래서 이인제 후보가 등장하고 보수가 분열이 된 것입니다. 보수 진영이 실수했기 때문에 김대중 후보가 이긴 거지요."

노무현 대통령은 2002년도 이길 수 없는 싸움이었다고 했다.

"2002년 내 승리는 나의 독특한 인생사 때문입니다. 나는 부산에서 입신해가지고, 호남의 표를 받을 수 있는 위치에 있었습니다. 영·호남을 어느 정도 아우를 수 있는 정치적 기반이 있었던 거지요. 청문회 스타라고 해서 인지도도 얻었습니다. 그리고 내가 고집스러운 원칙을 가지고 있었습니다. 이런 것들이 겹쳐져서 그때 바람을 만들어낸 거 아닙니까? 그래서 이 승리는 당연한 것이 아니라 특수한 경우다 이거죠."

대통령은 그렇게 보고 있었다. 노무현이라는 '독특한 인생'과 '고집스러운 원칙을 가진' 후보가 없었다면 한나라당 이회창 후보에게 이길 수 없었을 것이라고. 그 말은 선거에서는 어찌어찌하여 노무현으로 이길 수 있었지만, 정치 지형이나 한국 사회의 경제사회적 기반은 진보개혁 성향의 후보가 보수 후보에게 기본적으로 불리할 수밖에 없다는 것이었다.

그런데 '내가 아니었다면'이라면서 우연의 승리, 특수한 경우임을 강조하는 것은 냉정한 현실을 이야기한 것이지 역사에 대한 허무주의는 아니었다. 그는 "내가 아니라도 역사의 발전은 필연"이라고 했다.

"내가 아니면 이 시기에 진행된 역사가 이루어지지 않을 것이다, 이런 생각은 한번도 해본 적이 없어요. 가끔 내가 '이거 나 아니면 못합니다' 이런 소리를 하기는 합니다. 어제도 어디 강연 가서 '노무현이니까 했지 다른 사람 못합니다' 그런 이야기를 했어요. 그렇지만 내가 한 일들은 역사적으로 시간을 조금 앞당기는 것이지, 결국은 역사의 필연이라는 큰 틀을 벗어나지는 않습니다. 옛날에는 지도자 한 사람의 노력이 역사를 바꾼다는 이야기가 있었지만 지금은 그런 시대는 아닙니다."

노무현 대통령은 냉정한 현실을 이야기하고 있었다.

"다 밀어주지 않았느냐. 하지만 우리가 사실은 특수한 이벤트를 통해서 정권을 잡은 것입니다. 그래서 나는 그 취약성 같은 것을 뼈저리게 느끼고 있었고요. 진보 진영이 상당한 세력을 갖고 있는 것 같아도 아직까지는 마이너입니다. 물적 토대는 더욱더 그렇습니다. 〈조선일보〉와 〈오마이뉴스〉의 물리적 토대의 차이만큼 노무현(지지세력)과 반대편 진영의 물적 토대의 차이가 있습니다."

대통령 노무현은 자신에게 비판적인 기득권 보수 진영의 "결속력이 매우 강고하고 그 뿌리도 깊다"고 했다. 그 원인에 대한 분석은 독특했다. 감성 네트워크와 이익 네트워크의 결합.

"(보수 진영은) 인적 조직도 강합니다. 이념적 결속뿐만 아니라 기득권의 결속도 큽니다. 자생적으로 어떤 이익에 기반한 네트워크가 생기면 그것이 다시 감성적인 네트워크로 재결합, 재조직됩니다. 그렇지 않습니까? 우리 초등학교 때를 생각해봅시다. 초등학교 때 감성적으로 시작한 친구도 사회에 나와 이익을 같이하는 수준의 동료가 되면 다시 더욱 결합되고, 또 자연적 결합관계가 한 번 더 되면 결합도가 매우 강해지죠. 그런 것이 아주 강고하게 뿌리를 내리고 있죠."

그렇다면 진보 진영의 결합력은? 보수 진영에 비해 취약하다고 했다. 그 핵심 원인에 대해 노무현 대통령은 주로 지역주의 장벽과 진보언론의 수준을 이야기했다.

"그런데 우리(진보 진영)가 이념에 기반해 사람들을 결속하려 시도하면, 지역으로 갈라져 있어서 결속이 되지를 않습니다. 이념적 주제가 이슈가 안 됩니다. 지역주의 때문에 이슈 자체가 되질 않아요."

진보 진영의 취약성은 진보언론에도 나타난다고 했다. 그래서 대통령의 눈에는 "두 수 앞을 내다보지 못하는 즉자적"인 보도들이 적지 않다고 했다.

"우리가 (탄핵당했을 때처럼) 위기에 빠졌을 때, 죽어간다고 생각되었을 때는 막 밀어주던 (진보)언론들도 평상시에는 또 비판해대요. 물론 (언론이 기본적으로 정권에 비판적인 것은) 할 수 없지요. 그런데 깊이 들여다보지를 않아요. 두 수 앞을 내다보는 것도 없고, 즉자적이에요. '왜 저것을 했을까?' 생각하는 것도 없고, 두 번 생각하는 수준이 안 됩니다. (진보적이라는) 한 신문은 어느 날부터 나를 비판해대는 것을 필생의 사업으로 생각하고 있는 것 같아요."

노무현 대통령은 경제·사회적 물적 토대가 약한 진보 정권을 어린 과일나무에 비유했다. 그 어린 과일나무에 너무 많은 기대와 요구, "너무 많은 열매가 달리면 죽어버린다"고 했다.

"어릴 때 우리 집에서 과수원을 했어요. 감나무도 키우고, 복숭아도 키웠는데, 열매가 많이 달리면 따냅니다, 솎아줍니다. 나무가 어릴 때 열매가 너무 많이 달리면 죽어버립니다, 말라비틀어지거나. 그러니까 그렇게 솎아줍니다. 그런데 우리는……."

그는 진보 진영이 '순진하다'고 했다.

"뭐 어쩔 도리가 없어요. 내가 대통령이 되었으니까, 좋은 세상이 바로 올 거라고 생각했던 순진함, 막강한 권력의 파워들을 다 저쪽에서 가지고 있는데…… 그 순진함."

그리고 한숨을 쉬었다.

"우리가 이 수준 가지고 다음에도 정권을 잡겠다고 하는 게…… 허망한 일이에요."

그러고 보니 서로 닮은 듯했다. 2002년 대선에서 그에게 표를 준 지지자들과 노무현 대통령은. 양쪽 다 서로, 지지하는 마음과 섭섭함을 동시에 가지고 있었다. 그는 지지자와 진보 진영의 과도한 요구, 순진함에 섭섭해하면서도 그들과 함께 만들어낸 2002년 대선 승리를 가장 보람 있는 일로 여기고 있었고, 그만큼 그들에게 미안해하고 있었다. 하지만 노무현 대통령은 "다시 시작해야 한다"고 했다.

"다시 말하지만 내가 승리한 것은 이례적인 사건, 특수한 조건들이 결합되어서 승리한 것입니다. 그 당시에 무슨 밑천이 있었어요? (이번 2007년 대선은 우리 쪽에 어려워지고 있는데) 나는 다시 시작해야 한다고 생각합니다."

그럼 어디에서 무엇을 다시 시작해야 할 것인가? 노 대통령은 그날뿐 아니라 세 차례의 인터뷰에서 간간이 그에 대한 답을 전하고 있었다. 그것을 네 가지로 정리하면 이렇다.

우선 대전제는 보수-진보 세력 간 물적 토대의 차이라는 냉정한 현실을 인정하는 것이다. 노 대통령은 "우리가 그것을 인정하지 않으면, 앞으로 우리는 우리 앞에 놓인 문제들도 못 풀어갈 것"이라고 하지 않았던가.

첫째, 조급주의를 버려야 한다. 노 대통령은 이런 예를 들었다.

"내가 시장에서 천 원을 벌어왔는데, 왜 2천 원을 못 벌어오냐고 뺨 때리는 일이 벌어져왔어요. 자기는 시키면 500원도 못 벌어올 거면서. 그러면 내가 이렇게 하소연할 수밖에. 내가 그날 장에 갔더니 난장판이고, 장이 다 무너져가지고 판때기 놓을 데도 없었는데요. 그래서 천 원밖에 못 벌었는데요."

둘째, 당장의 유불리를 떠나 견해 차이를 인정하고, 대의 앞에 하나 되어야 한다.

노 대통령은 당시 여당이던 열린우리당 국회의원들이 "(대선 직후에 치러질) 다음 국회의원 선거만 의식했기 때문에 대의를 가지고 멀리 보고 하나가 되지 못했다"고 했다. 각자 자기들 살려고 참여정부와 노 대통령과 거리 두기를 하거나 비판에 앞장섰다는 말일 것이다. 그는 김대중 정권 때 자신은 "(선거운동) 전 기간 동안 목에서 피가 나도록" 대의를 위해 홍보 지원을 자청했다고 말했다.

"김대중 정권 전 기간 동안 나는 한 번도 쉬지 않고 열 명이든 백 명이든 천 명이든 모아놓고, 국민들에게 끊임없이 '김대중 정권 억울하게 언론에 당하고 있다. 잘못된 것은 잘못된 것이지만 그것이 중요한 것이 아니고 가치가 중요하다. 전략적으로 사고하자'며 정말 목에 피가 나도록 홍보하고 다녔어요. 그렇게 하면 이겨요. 그런데 비 온다고 밖에 안 나가고 바람 분다고 안 나가고 하면 이기겠습니까?"

셋째, 국민에게 어디로 갈 것인지 방향성을 제시해주는 역량, 특히 미디어 역량을 길러야 한다. 노 대통령은 공권력과 정보(이데올로기), 그리고 돈, 이 세 가지가 결합해서 권력을 만들어낸다고 했다. 그는 그중에서 유권자의 최종 선택을 결정짓는 정보(이데올로기) 마당이 '결전의 장'이라면서 미디어 공간의 중요성을 역설했다.

"주권자인 유권자들이 미디어를 통해 정보와 이데올로기를 접하고 움직이니까 이 부분은 매우 중요합니다. 그런데 우리가 그 부분에서 약합니다. 그럼 어떻게 (진보언론이) 독자층을 넓혀갈 것이냐? 소비자의 성향을 바꾸지 않으면 주류가 될 수 없습니다. 독자들에게 방향을 제시하면서, 독자들에게 새로운 가치와 비전, 그리고 전략을 보여주면서 끊임없이 그들을 설득하고 훈련시키는 수밖에 없지 않습니까?"

넷째, 혼신의 힘을 다하자. 그래야 대중은 감동한다.

노 대통령은 "왜 2007년 대선에서는 진보 진영 후보에게서 감동이 느껴지지 않는다고 보느냐?"고 물으면서 황산벌 전투에서 병사 수는 턱없이 적었어도 신라군에 결사 항전한 "백제의 계백 장군 결사대처럼 모든 것을 걸고 싸우면 대중은 감동할 수밖에 없다"고 했다.

나는 2007년 가을에 인터뷰를 하면서 대통령 노무현의 정치학 강의를 들은 셈이었다. 한 번 말을 시작하면 10분이고 20분이고 그렇게 '강의'를 했다. 그런데 지루하지 않았다. '정치학 교수 노무현'은 본인의 경험을 사례로 들어가며 열강을 했고, 다소 주관적인 해석도 있었지만 깊이 있는 분석을 했다. 퇴임을 앞둔 대통령은 그렇게 공부하고 고민하고 있었다. 진보의 미래를 위해.


퇴임 후에 정치학 특강을 한번 하시죠. 제가 미리 들어본 셈인데 수강생이 많이 몰릴 것 같습니다.

"아마 내가 하면 한 시간짜리로 100강 정도 해야 할 겁니다. 아니, 200강 정도 될까? 기회가 되면 한번 하고 싶어요."

그러나 우리는 전직 대통령의 정치학 특강을 영원히 들을 수 없게 됐다. '정치학 교수 노무현'은 강의노트를 인터뷰 대화록으로 남기고 이 세상을 떠났다. 이런 숙제를 우리에게 내주고.

처음부터 다시 시작해야 한다. 어디서부터 무엇을 할 것인가?

# 권력은 위임하되 지배는 거부하라

퇴임 전의 노무현 대통령은 공부하는 대통령이었다. 나는 〈인물연구
노무현〉을 작심하고 나서 그를 만나면 꼭 이 질문을 던져야겠다고 생
각하고 있었다. 대통령까지 했는데 무엇이 부족해 또 공부하고 있습
니까?

그래서 2007년 9월 2일 인터뷰의 후반부는 특별히 내 기억에 남아 있
다. 청와대 안에 있는 대통령 사저의 접견실에서 한 시간 동안 이뤄진
그날의 후반부 만남은 인터뷰가 아니라 강의였다. 나는 노 대통령이
말을 시작하고 나서 한 시간 동안 질문을 단 하나도 하지 않았다. 전
혀 개입하지 않았다. '그렇죠', '예' 정도의 장단만 넣었다. 그것은 자
의 반 타의 반이었다.

한편으로는 퇴임을 앞둔 대통령이 어느 정도의 내공을 가지고 민주주의론을 공부하고 있는지 있는 그대로 관찰하고 싶어서 그의 호흡을 깨뜨리지 않았다. 다른 한편으로는 대통령이 너무 진지하게, 전체의 맥락을 구성한 후에 하나하나 풀어나가듯이 체계적으로 말을 했기 때문에, 무엇보다 내가 쉽게 개입할 수 없을 정도로 공부와 사색의 깊이가 있었기에 나는 한 시간 동안 수강생의 역할에 충실했다.

역사, 권력, 민주주의, 진보, 지도자, 시민. 그 키워드를 가지고 풀어가는 대통령의 강의는 곧 우리들의 이야기였다. 그가 표현한 대로 "우리의 삶이 포섭돼 있는 자리"에 대한 이야기들이었다.

강의를 다 들은 후 대통령에게 "이 장면을 동영상으로 국민들에게 생중계했으면 좋겠다는 생각을 했다"고 말했다. 대통령은 "용어나 이런 게 아주 깔끔하게 잘 정제되어 있지는 않습니다. 글로 쓴 게 아니어서. 나중에 오 기자가 잘 정리해보세요"라고 했다.

지금부터 그 한 시간 동안의 강연 현장으로 독자 여러분을 초대한다. 노 대통령의 말은 문맥을 분명하게 하기 위해 필요한 최소한의 편집만 했다.


"정치하는 사람한테는 개인적인 소망이라는 것이 정치적 가치를 이루어가는 것하고 결합되어 있지요. 그래서 그것을 정치인의 소망이라고 말할 수도 있고 가치라고 말할 수도 있는 것이죠. 정치인의 소망은 결국 자기의 가치를 최대한 실현하는 것이죠. 그리고 이제 거기에 대해서 평가를 받고 싶어합니다. 좋은 평가를 받고 싶어하는 것이 정치인의 소망입니다. 평가로부터 자유로울 수는 없는 것이고요. 그래서 지금도 좋은 평가를 받고, 후대의 역사적 평가도 잘 받고 싶은 것이죠. 그런데 그 두 개의 평가가 서로 일치하지 않을 경우는 아주 많이 발생할 수 있습니다."

**그렇죠.**

"그럴 가능성은 굉장히 높습니다. 보통의 경우 오히려 시간이 흐르면서 평가가 바뀔 때가 많다고 봐요. 그래서 이제 두 개의 평가를 다 좋게 받으려고 하는 것은 여간해서 성공하기 어렵습니다. 그것이 분리되는 것이 대부분이기 때문에 현실의 평가와 역사의 평가를 다 높이 받기가 정말 쉽지가 않죠.

그런 경우를 우리가 여러 가지 상정해볼 수 있겠죠. 그 시기의 민심과 여론이 역사적인 의제와 같이 가고 있을 때, 그런 때는 현실의 영웅이 그냥 역사의 영웅이 되죠. 그런데 그 둘이 반드시 같이 가느냐? 한순간에 같이 가다가도 그 이후에 또 갈라지기도 하죠.

그렇다면 현실의 평가와 역사의 평가가 다를 때 사람(정치인)들은 어느 것을 선택하느냐. 사람은 결국 역사의 평가를 선택하게 됩니다. 그럴 때 그것은 자기 가치와 일치하게 되어 있죠. 왜냐하면 자기의 가치관이라는 것이 역사에 대한 예측과 같이 가기 때문에, 역사에 대한 예측을 바탕으로 해서 가치관을 만들어나가는 것이기 때문이지요. 그럴 때에는 현재의 평가, 현재의 민심을 포기하게 되는 것이죠. 현재에 있어서의 대중적 평가보다는 이제 좀 더 자기 가치와 자기 전략에 기반한 역사적 평가, 그런 것을 추구해가기 마련이죠."

예.

"그래서 나는 항상 '역사는 진보한다. 그러나 완결은 없다'는 명제를 가지고 있습니다. '진보'라는 것은 민주주의의 가치에 내재해 있는 것이죠. 민주주의라는 개념 안에는 자유와 평등이라는 것이 하나로 합쳐져 서로 균형을 이루고 있습니다. 그럼 자유와 평등의 상태는 뭐냐? 이전에는 권력의 지배를 받던 사람이 스스로 권력을 행사하게 되는, 그러니까 형식적으로만 권력에 참여하는 것이 아니라 참여하는 자의 의지가 실질적으로 권력을 결정하고 권력을 행사하게 되었을 때, 그런 것이 자유와 평등의 상태 아니겠습니까? 그래서 진보라는 것은 권리가 확산되어나가는 과정을 말하는 것이다, 또는 권력을 분점해나가는 과정이다, 왕의 권리가 대중에게까지 확산되어나가는 과정이다, 이렇게 말할 수가 있죠."

예.

"역사에서 본질적인 문제는 지배와 예속의 문제라고 나는 생각합니다. 역사에서의 핵심적인 주제는 지배 그리고 예속에서 발생하는 제반 갈등의 문제이고 모든 것의 근원이 거기 있다고 생각합니다.

인간이 어느 때부터 권력을 만들었는지 모르겠습니다. 역사에서 인간이 권력을 만들었고, 권력을 창조했고, 사람에게 그 권력을 위임했습니다.

그런데 아주 옛날에는 누구든 지배자가 된 사람은 그 권력의 정당성을 사람들한테 쉽게 이해시키기 위해 근거를 대게 되는데 그것을 하늘에서 찾았죠. 권력의 근원을 사람의 위임에서 찾지 않고 하늘에 위임해서 찾았습니다. 그때부터 이제 권력이 사람으로부터 분리되기 시작한 것이죠. 그게 권력의 사유화 과정이라고 봐야겠죠. 권력의 사유화 과정이 생기면서 지배가 만들어진 것이죠.

권력의 필요성은 지금도 아무도 부정하지 못하죠. 그러니까 인간은 끊임없이 한편으로는 권력을 위임하면서 그것이 이제 하늘의 뜻이 아니라 국민에게 기초해 있다는 것을 서서히 확인해왔습니다. 그것을 선언한 것이 민주주의입니다. 그리고 그것에 근거해서 권력의 행사는 용인하되 권력에 의한 지배, 권력의 사유화를 무력화시키려는 노력을 계속해온 것입니다."

예.

"그 노력이 지금까지 계속되고 있는 것입니다. 그런데 이게 어려운 것이죠. 권력과 지배를 분리하기가 굉장히 어려운 것이죠. 그렇기 때문에 권력은 위임하되 지배는 거부하는 노력이 민주주의의 역사라고 봐야죠."

예.

"그런데 또 하나, 이런 것을 아이러니라고 얘기합니까? 권력의 지배를 거부하는 운동이 시장에서 시장의 권력이 탄생하면서부터 생긴 일이라는 것입니다."

그렇죠.

"시장이 형성되고 그 속에서 시장권력이 탄생하면서부터 정치권력의 지배를 거부하는 운동이 생겼는데, 지금은 시장의 지배가 새로운 지배 형태로 자리 잡아 내려오고 있는 것 아닙니까?"

예.

"그래서 정치권력과 시장권력이 지금 서로 갈등하고 있는 것이죠. 이 가운데서 어떻든 간에 권력을 위임하고 지배를 거부하는 과정이 지금 이어져가고 있습니다.

그런데 정치에서 권력의 위임은 국민주권 사상과 투표, 선거라는 제도를 통해서 정당성과 정통성이 확보되는데, 시장권력의 지배는 어디에서 정통성이 확보되느냐의 문제가 있지요. 그러니까 정치권력과 시장권력 사이에 어느 쪽이 정통성에서 우위에 있느냐는 문제가 있죠. 이 문제가 우리에게 역사적으로 매우 중요한 질문을 던지고 있습니다.

나는 시장권력은 수단일 뿐이고 최종적으로는 정치권력, 국가의 책임이다 이렇게 봅니다. 그래서 국가권력의 정통성이 우위에 있어야 된다고 보는 쪽입니다.

그렇다면 시장권력보다 국가권력이 우위에 서게 하는 방법은 뭐냐? 시장에서 승자와 패자를 모두 포함해서, 시장의 소비자까지를 포함해서, 이른바 시장권력의 상대편에 서 있는 소비자 권력을 조직하고 이들을 정치권력으로 묶어내고, 정치권력으로 시장을 통제함으로써 시장의 효율과 정의를 유지해나가자는 거지요. 이게 말하자면 사민주의

(사회민주주의)의 정치적인 프로세스 아니겠습니까?

시장의 강자를 통제하기 위해서 시장의 다수 소비자가 정치권력을 중심에 세우고 이 정치권력이 시장의 강자와 약자를 통합 조정하게 하는 것이죠. 정통성 측면에서도 그게 맞지요.

여기서 언론권력은 하나의 축입니다. 언론권력은 과거에는 전제군주나 귀족특권 세력과의 싸움에서 시민의 편에 섰습니다. 그런데 지금은 이제 시장권력 편에 서기도 하죠.

이런 지배 구조상의 복잡성을 전제로 해서 우리가 이 역사의 방법을 풀어가는 셈입니다. 우리의 삶이란, 결국 권력을 위임하고 지배를 거부하는 이 메커니즘의 순환 고리 안에 포섭되어 있다는 것이죠."

예.

"그러면 지도자의 성격은 뭐냐? 권력을 왜 지도자에게 위임했느냐? 우선 기능적인 이유거든요. 안전을 보장하라, 외부의 위협과 내부의 위협으로부터. 그래서 국방과 치안입니다. 또 생산 체제를 관리해나가는 것, 그게 경제 아닙니까. 국가와 정부는 스스로 시장의 주체이기도 하고 시장의 관리자이기도 하죠. 말하자면 심판이자 선수이죠."

예.

"그리고 이제 갈등 조정입니다. 이해관계를 조정하는 것이죠. 어떤 시스템에서도 득 보는 사람과 손해 보는 사람 사이의 이해가 복잡하게 얽혀 있기 때문에 그것을 조정하는 것입니다. 큰 틀에서의 전선, 수많은 작은 이해관계의 전선에서 조정해나가는 것이죠.

그다음에 이제 총체적으로 이 복잡한 것을 전부 다 알 수 없기 때문에 큰 묶음으로서의 미래를 제시하는 것입니다. 어느 구호를 만들든 비전을 제시하는 것이죠. 비전이라는 건 미래를 위한 선택이라고 할 수 있는 것이죠.

그다음에 위기에서 결단하는 것입니다. 위기에서 선택을 하는 것입니다. 아프간에서 인질사건이 났을 때 협상을 할 것이냐 말 것이냐, 이 결정은 마지막에 내가 해야 하는 것입니다. 링컨도 전쟁을 할 것이냐 말 것이냐, 나라를 쪼갤 것이냐 통합할 것이냐를 놓고 마지막 결단을 했지요. 그때는 링컨이 스스로 최종 결단하는 것이지, 다른 누구도 그 결단을 대신하지 않는 것입니다.

지도자로서 개인적 차이가 많이 나는 것이 비전이죠. 비전과 전략을 제시하는데, 개인적 차이가 제일 많이 나죠. 물론 좋은 비전과 전략을 만들어내려면 판단력이 필요하죠. 지혜, 지식, 통찰력, 그런 것들이 필요한 것입니다.

지도자에게 핵심은 비전이거든요. 비전이 뭐냐. 미래가 어떻게 될 것이냐에 대한 방향을 제시하는 것입니다. 그런데 이 비전이 자기의 단순한 희망 사항이냐, 아니면 역사의 법칙과 맞닿아 있느냐, 이 점이 중요한 것입니다. 좋은 비전이라면 역사의 법칙 위에 서 있어야 하고, 그것을 전제로 선택 가능한 것 중에서 가장 가치 있는 것이어야 합니다. 그런데 아무리 화려한 장밋빛 비전이라 할지라도, 오색 무지개 비전이라 할지라도 역사의 법칙 위에 서 있지 않으면 제대로 현실화되지 않습니다. 그래서 비전은 역사의 법칙 속에서, 그것을 실현해낼 수 있는 전략과 결합되어 있어야 하는 것이거든요. 그러니까 이 비전과 전략이라는 것이 역사의식이고, 역사를 보는, 역사를 해석하는 관점이고, 그 토대 위에 자기의 희망 사항이 들어 있는 것입니다."

예.

"그럼 보수는 뭐고 진보는 뭐냐? 보수는 이런 겁니다. '세상은 강자가 지배하는 거야, 무슨 소리들 하고 있어.' 보수를 복잡하게 생각할 거 없습니다. 모든 보수는 우수한 사람, 잘난 사람, 힘센 사람이 세상을 지배하는 것이라 믿습니다. 그들은 말합니다. 똑똑하지 못한 사람, 성공하지 못한 사람, 힘없는 사람은 시키는 대로 말 잘 듣고 있어라, 그러면 되는데 왜 자꾸 시끄럽게 구느냐.

신자유주의든 구자유주의든 다 덮어놓고 보수의 핵심은 그겁니다. 성공한 사람이 주도해간다, 맡겨라, 통째로 맡겨라.

그럼 진보는 뭔가? 진보는 '그게 아니올시다'입니다. 진보는 보수에게 이렇게 말합니다. '그런 게 아니고요. 그건 기회를 평등하게 해주고 모두에게 같은 기회를 주면 우리도 다 잘할 수 있습니다. 무슨 소리 하십니까.' 권력도 나누고 지혜도 나누고 평등을 지향하는 것입니다. 그러니까 '강자에게 맡겨라' 이 말은 보수가 지배력을 유지하겠다는 것이고, 진보는 이렇게 말하는 거지요. '지배하지 말고 합의해서 합시다.'

그래서 역사적으로 보면, 보수 세력에는 반드시 적의 개념이 있죠. 적

© 노무현

의 개념이 매우 강합니다. 진보 세력도 적의 개념이 있는데, 그 적의
개념이 내부에 있어요, 외부에 있지 않고. 보수 세력에게 적의 개념은
항상 외부에 있습니다. 그래서 그 사회의 보수 세력이 대부분 적대적
인 노선을 많이 취합니다. 강경 노선, 적대 노선. 반면 평화 공존은 진
보 쪽에서 많이 주장을 하고요."

예.

"진보·보수가 그런 것인데, 정치에서 그것의 경계는 이른바 역사를
어떻게 보느냐 하는 관점에 있죠. 그래서 위대한 지도자냐 아니냐는
국방을 확실히 하겠다, 경제를 살리겠다, 이런 기능적인 것에서는 차
이가 크게 나는 것이 아니죠. 결국 역사, 비전, 가치 이것이 정치의 핵
심이라는 것이죠."

예.

"그런 뜻에서 지도자에 따라 가장 크게 차이 나는 것은 역사를 바라
보는 관점입니다. 그 시기 역사를 정체시키느냐, 후퇴시키느냐, 진보
시키느냐 하는 지도자의 판단이 가장 중요한 판단이라는 것이죠. 그
것은 모두를 포괄한 것입니다.

그래서 심지어는 지도자의 도덕성에 관한 문제도 역사에 관한 관점의
문제보다는 더 중요한 것이 아니라고 볼 수 있습니다. 역사적 판단과
역사적 선택이 중요하지요. 예를 들면 (동방정책으로 노벨평화상을 수상
한 전 독일 총리) 빌리 브란트가 지금 알아보니까 아이가 몇이 있었고,
숨겨놓은 여자가 있었고, 그렇게 가정한다 할지라도 그건 중요한 문

제가 아니라는 것입니다. 그의 선택이 그 시대의 역사를 진보시켰느냐, 후퇴시켰느냐, 정체시켰느냐, 그런 관점에서 평가해야 된다는 것이죠.

그래서 '한국의 역사가 뭐냐?' 이거죠. 친일 잔재, 독재의 잔재, 이런 것들을 청산해가는 과정 아니겠어요."

예.

"그런데 그 독재 밑에서 특권과 유착의 구조, 부정부패, 불균형 이런 것이 생겼습니다. 부족한 정통성을 위해서 막 덧씌워놓은 권위주의도 있습니다. 권력 집중도 있습니다. 권위주의와 기회주의는 통합니다. 힘센 사람한테 줄 서야 하니까요. 이런 것들을 청산하는 것이 우리 시기에 와 있는 과제들이죠."

그렇지요.

"특권 구조의 해체, 그게 내가 물려받은 역사적 과제입니다. 전에도 조금 했고, 조금씩 조금씩 해왔지만 지금 나한테는 거의 완결 수준으로 요구하고 있는 것입니다. 그래서 권력과 권력이 유착해서 만들어져온 특권의 구조를 해체하는 것, 이 구조 속에서 우선 권력기관 내부의 유착 구조를 해체하는 것, 정경유착을 해체하는 것, 그것이 내가 물려받은 과제입니다.

그런데 여기에 언론이 양쪽에 다리를 다 걸치고 있습니다.(웃음) 언론이 정치권력과 한 다리를 걸치고, 정경유착을 만들어내는 시장권력에다가 또 한 다리를 걸치고. 그래서 내가 '이 유착 구조도 해체합시다'라고 했죠. 큰 덩어리뿐만이 아니고 작은 것까지도, 우리 습관 속에 배어 있는 작은, '나를 뭘로 보고……' 하는 이런 수준까지도 전부다, 권위를 해체하자, 언론의 권위까지도 해체하자.

그럴 필요성이 있는 시기에 그 역사적 과제가 내게 온 것이거든요. 이걸 뒤로 미룰 것인가 안 미룰 것인가? 고민하다가 약간의 오만이라고 할 수 있는, 자만심이라고 할 수도 있는데, 이런 생각이 드는 거죠. '내가 아니면 못할걸.' 그래서 기자실을 개혁하고 언론 대응을 원칙적으로 했지요.

그리고 계층 간, 지역 간 불균형 해소도 큰 과제였지요. 또 도덕적으로 우수한 사회, 성숙한 사회, 이것도 우리가 부닥쳐 있는 역사적 과제라고 봅니다.

지도자의 사명은 여러 가지 기능적인 요소도 잘해야겠지만 그 시기 역사의 과제를 정확하게 짚고, 진보의 방향을 올바르게 설정하고, 그것을 위해서 전략을 가지고 노력해야 되는 것이죠."

예.

"지난 5년을 돌아보니 역사적 과제의 측면에서는 모두가 약간씩은 진보했지만, 내가 특별히 대단하게 이룬 것은 없죠. 그러나 정확한 위치에 서 있다고 봅니다. 말하자면 주제를 정확하게, 의제를 정확하게 선택해서 역사적 과제에 정면으로 정확하게 도전하고 있다, 나는 그렇게 생각하고 있는 것이죠.

결국 이 모든 이야기가 민주주의를 한 단계 더 끌어올리자는 것이죠.

그런데 내가 요즘 하고 싶은 이야기는 이제 어떻게 할 거냐, 내가 할 만큼 해봤다, 정치권력으로는 할 만큼 해봤다 이거죠. 저는 민주주의가 한 단계 더 발전하느냐 아니냐는 이제는 결국 시민들의, 최종적으로 시민들의 선택에 의해 결정되는 것이라고 봅니다. 그래서 시민들에게 내가 얘기하는 것은 역사적 관점에서 선택해야 된다, 우리의 미래 정치 지도자가 내걸어야 될 비전은 경제가 아니고 도덕적으로 성숙한 사회, 민주적으로 성숙한 사회다 이겁니다.

결국 시민이 최종 선택을 하기 때문에 지금부터 내가 하려고 하는 것은 '시민사회를 재조직해보자'는 겁니다. 참 그건 벙벙하기는 한데, 그러나 어떻든 지난날 노사모가 역사의 새로운 경험이었고, 그런 경험을 다시 되살려서 새로운 시민사회를 한번 조직해보자. 시민들이 조직되어서 정책의 인과관계를 정확하게, 현재의 이해관계와 미래의 이해관계 이런 것들을 정확하게 이해하고, 그래서 마침내 정확하게 선택해나가야 한다. 시민의 운동이죠.

여기에 이제 필요한 것이 정치학이죠. 정치 메커니즘에 관한 올바른 이해, 정치 메커니즘의 이상과 현실에 관한 올바른 이해, 그건 정치전략을 위해서 필요한 것이고, 그다음에 민주주의에 대한 올바른 이해, 그다음에 이제 지도자론, 크고 작은 범위에서의 지도자론, 이런 것들이 우리한테 필요한 지식들이죠.

결국 정치에서 권력의 핵심적 수단은 정보, 옛날에는 이데올로기라고 했지요. 정보와 사상입니다. 크게 말해서 정보 안에 인식과 사상이 다

들어가는 것이죠. 권력의 3대 요소는 정보와 공권력, 그리고 돈입니다. 그래서 이 사이엔 돈으로 자리도 사고팔고, 돈으로 정보도 사고팔고 합니다. 정보와 돈과 권력 사이에 상호 연결 고리들이 만들어졌을 때 지배 구조가 만들어지는 것이죠.

그런데 이 정보가 이제 통제되지 않을 때, 이 정보를 활용해 시민들이 시민적 논리로, 시민적 이론으로 무장하게 되었을 때, 권력은 시민사회로 이동해옵니다. 오프라인에서의 조직적 활동, 온라인에서의 대항적 매체 활동 등을 통해 대항 논리를 재생산해내야죠."

예.

"그래서 지배 구조에 참여하고 권력에 참여하는 논리를 만들어야지요. 지금까지 피지배 계층은 전부 다 권력을 거부하는 논리들을 주로 가지고 있었습니다. 그런데 그건 아니다 이겁니다. 권력을 거부하고 권력을 부정하는 논리로 자꾸 가는데, 권력 없이는 아무것도 안 된다는 것을 알아야 합니다. 권력을 장악해야 합니다. 어떤 지배를 거부하기 위해서는 권력을 장악해야지요. 권력을 변화시키기 위해서 권력에 참여하고 권력을 장악하는 전략들을 새롭게 세워나가야 합니다. 그러면서 권력은 위임하되 지배는 거부하는 그런 사회를 만들어야지요. 그러니까 권력을 향해서 한발 한발 나아가는 시민들이 조직되어야 하는 것이죠.

보통의 정치인들은 권력을 정점으로 사고합니다. 그리고 권력으로 모든 것을 해결하겠다는 사고를 가지고 있죠, 보통의 정치인들은. 또한 많은 시민들이 '권력으로 왜 다하지 않느냐?' 그러는데, 정치권력은 하나의 권력일 뿐이고, 하나의 과정일 뿐이고, 진정한 의미에서 권력은 시민들의 머릿속에 있어요, 진정한 의미에서."

그렇군요.

"새로운 연대도 필요합니다. 지금 시장 경쟁에서 성공한 사람들이 있거든요. 뒷거래 시대에 성공한 사람들이 아니라, 관치경제의 시대에 성공한 사람들이 아니라, 시장경제에서 성공한 새로운 시장의 주류들이 있는데, 그 사람들과 더불어서 새롭게 어떤 새로운 세력을 한번 묶어보려는 모색도 필요합니다.

그런데 세계 역사에서 영국의 신사 계급이 사실은 영국의 민주주의 발전에 상당히 큰 역할을 했던 것처럼 관용의 정신과 타협을 아는 사람들과의 연대가 필요합니다. 시장에서 성공한 사람들 가운데 지금도 내가 만나서 '종부세 냅니까?' 이러면 '아, 내죠. 낼 건 내야죠' 뭐 이런 사람들이 굉장히 많아요. 그리고 우리 사회가 그렇게 보수 일색은 아니니까요."

예.

"결국 민주주의는 시민들의 행동 속에, 궁극적으로 거기에 있는 것입니다. 다른 메커니즘으로는 우리가 도저히 이길 수 없어요.

여기 아무리 좋은 차를 만들어놓아도 운전을 어떻게 하느냐에 따라서 자동차도 흉기가 될 수 있듯이, 어떤 국가적 시스템을 만들어놔도 그 시스템을 운용하는 공무원들이 민주화되어야 합니다. 아무리 좋은 민주주의 선거제도, 정당제도를 만들어봐도 정당을 운영하는 사람이, 선거제도에 참여하는 시민들이 제대로 하지 않으면 못하는 거 아닙니까? 그걸 제대로 하게 하는 일이 지금부터 과제입니다. 오늘은 이 정도로 할까요?"

감사합니다. 이 정치학 강의를 듣는 데 거의 한 시간이 흘렀습니다. 오늘 말씀을 들으니까 드디어 참여정부평가포럼 연설 마지막에서 왜 민주주의론을 강조하셨는지, 왜 각성하는 시민의 참여를 강조하셨는지 이해가 됩니다.
"아주 깔끔하게 정리는 안 되어 있지만, 아까 내가 말한 몇 가지 명제, '권력은 위임하되 지배는 거부한다' 뭐 이런 것이 요새 머릿속에 정리해보려고 시도하고 있는 일들입니다. 대강 이쯤 하고 오연호 기자한테 맡겨놓을 테니까 나중에 알아서 잘 정리해주세요."

말씀을 들으면서 제가 가장 감명받은 부분은 대통령께서 퇴임하고 권력을 떠나는 게 아니라 진정한 권력 속으로 다시 들어간다는 대목입니다, 시민 사회 속으로.
"그렇습니다. 그렇지요."

노 대통령은 다음 인터뷰를 기약하면서 내가 건넨 명함을 주의 깊게 보았다. 그 명함에 나는 이렇게 적어놓았다. '오연호 리포트 – 아름다운 도전에서 시대정신을 추려 담다.'

대통령은 말했다.

"옛날에 누가 '도전하는 사람은 아름답다'고 했는데, 누가 그 말을 했지? 나를 보고 그런 글을 쓴 사람이 있었어요. 도전하는 사람은 아름답다."

나는 그날 청와대에서 나오면서 모처럼 공부를 제대로 한 학생처럼 괜히 기분이 좋았다. 그런데 그땐 몰랐다. 대통령 노무현이 해준 그날의 개인수업이 봉하마을에 세워진 '작은 비석'에 대한 해설 특강이 될 줄은.

비문은 이렇게 말한다. "민주주의 최후의 보루는 깨어 있는 시민의 조직된 힘입니다."

# 한국의 진보는 지금 몇 시인가

세상은 점점 나아지는 것일까? 역사는 진보하는 것일까?

퇴임 직전인 2007년 가을, 정국이 돌아가는 상황으로 보면 노무현 대통령의 마음이 심란할 때였지만 나는 이런 질문을 던지지 않을 수 없었다.

2002년 대선 때 표를 줬던 지지자들이 주눅 들어 있고, 2007년 대선판도 한나라당으로 기울어가고 있는데요. 그래도 역사의 큰 흐름을 지켜볼 때 세상이 점점 나아지고 있다고 느끼십니까?

"그렇게 생각합니다. 지금은 느낌이 전혀 오지 않지만, 그럴 것이라는 믿음을 갖고 있습니다. 지금 같으면 안 그럴 거라는 느낌인데, 세상은 진보할 수밖에 없다는 믿음에서 일을 하고 있습니다."

임기 초반, 검찰이 2002년 대선자금을 수사할 때 대통령께서 "새 시대를 여는 맏형이 되고 싶었지만 구시대의 막내 노릇을 할 수밖에 없을 것 같다"는 표현을 하셨죠. 그렇게 말씀하신 이유는 무엇입니까?

"새로운 시대의 맏형이라는 뜻은 이전과는 다른, 이른바 불법과 합법의 대결시대가 아니라 이제는 대화와 타협이라는 새로운 수준의 민주주의 시대를 여는 사람이 되겠다는 그런 희망을 담고 있었던 거지요. 그러나 막상 대통령을 시작해보니 야당은 나를 인정하지도 않고 여러 가지 노력을 해도 대화를 열어나가기가 어렵게 되고, 그러는 사이에 대선자금 문제가 터져버렸지요. 그래서 이제는 대화와 타협의 문제가 아니라 대선자금을 둘러싼, 우리 스스로도 자유롭지 않은, 약간 남아 있지만 덮고 넘어가도 되겠다고 생각한 몇 가지 찌꺼기들을 다시 청소해야 하는 상황이 된 것이지요."

그래서 "구시대의 마지막 청소부가 되었다"는 것이다.

"새 집에 들어와서 새 살림 꾸리겠다고 생각했는데 막상 새 집에 들어와 보니 쓰레기들이 많이 있었어요. 그 쓰레기 대청소를 해나가는 과정이 결국 나도 상대방도 자유로울 수 없었던 대선자금의 청산 과정이었습니다. 그러면서 나도 이른바 대통령으로서의 정통성 이런 것에 상처를 많이 입었고, 그래서 내가 할 몫을 다시 낮춘 겁니다. 구시대의 막내 노릇, 마지막 청소부로. 그렇게 할 수밖에 없다는 심경이

'구시대 막차'라는 표현입니다. 심경이 편안하지 않았지요. 착잡했던 심경을 그렇게 표현한 것입니다."

노 대통령은 한국의 민주주의가 진보하려면 지금보다 수준을 높여야 한다고 했다.

"어느 강연에서 내가 '3단계 민주주의'라는 표현을 썼습니다. 초기 1단계는 이른바 폭력적 권력, 독재권력이 있고 그에 저항하는 직접적 투쟁이 이뤄지는 수준이죠. 2단계는 그것을 거쳐서 공정한 법치주의의 관계로 가고, 3단계는 그것을 뛰어넘어 대화와 타협, 이른바 성숙한 민주주의로 가는 것입니다. 그렇게 3단계를 설정해놓고, 우리 참여정부가 한번 3단계를 시작해보자고 좀 시도를 했는데 제대로 이뤄지지 않았죠. 그런 점에서 우리 한국 민주주의가 낮은 수준에 있다고 말할 수 있습니다."

그는 민주주의의 통합적 기능을 강조했다.

"투명성과 공정성, 그리고 원칙적인 법치주의, 이것만으로는 성숙한 민주주의가 이루어지지 않습니다. 여기에서 한발 더 나아가 상대를 인정하고 존중하고, 그러면서 대화하고 타협하고 협상을 해서 결론을 하나로 모아나가는 통합의 과정이 부드럽게 이루어질 때라야 비로소 민주주의의 통합적 기능이 제대로 발휘되는 것입니다."

그는 그것이 제대로 기능하지 못하는 원인들을 이렇게 분석했다.

"그렇다면 우리나라에서 대화와 타협이 이루어지지 않는 획일주의 정치문화가 어디에서부터 비롯된 것이냐. 지난날의 독재와 반독재 투쟁, 상대를 용납하지 않는 대결주의, 게다가 지역 간 대립 구조, 이런 것이 주요한 요인이라고 볼 수 있죠. 그다음에 대통령제 구조에서의 여소야대라는 정치 구조, 이런 것들이 타협을 강제하는 그런 기회를 만들지 못하게 한 거죠. 그래서 이런 문제들이 우리 한국 사회에서 활발하게 논의되어야 하는 것이지요. 대화와 타협의 정치를 뒷받침할 수 있는 정치제도를 이렇게 만들겠다, 타협적 정치문화를 이렇게 만들겠다. 그런 논쟁들이 실제로 있어야 하는 것이지요."

그와 함께 보수와 진보 간에 제대로 된 논쟁이 있어야 한다고 했다.

"그다음에 중요한 문제가 정치에 관해서는 진보와 보수의 노선 경쟁이 있어야 합니다. 정당의 차별성이 중요하죠. 서로 추구하는 가치를 달리하는, 차별성 있는 가치를 가지고 서로 경쟁하는 것이지요. 이 정당의 정체성을 기반으로 해서 결국 우리 미래사회를 어떻게 설계할 것인가 하는 논쟁이 있어야 합니다. 그런데 언제부턴가 가치와 전략의 논쟁이 한국 사회에서는 사라져버렸거든요. 그래서 2007년 대통령 선거가 우리 역사를 발전시키는 진보의 계기가 되지 못할 것 같은 느낌이 좀 있지요."

노무현 대통령은 2007년 가을, 청와대에서 인터뷰를 하기 전부터 보수와 진보의 관계, 그리고 진보의 미래에 대해 열심히 공부해오고 있었다. 참여정부평가포럼(2007년 6월 2일) 연설에서도 그와 관련된 대목이 나온다.

보수가 무엇이며 진보는 무엇인가. 보수는 강자의 사상, 기득권의 사상입니다. 각자의 삶은 각자의 노력의 결과이므로 강자의 기득권을 보호하고 강자의 자유를 보장하여 강자가 주도하는 대로 따라가면 모두 좋아진다는 생각이 보수의 기본적인 생각입니다. 경쟁시장을 넓히기 위하여 개방을 하자고 하면서 약자에 대한 국가의 보호나 지원에는 반대합니다. 힘에 의한 질서를 강조하며 갈등은 힘으로 제압하고자 합니다. 힘에 의한 평화를 주장하며 대외적으로는 대결주의를 주장합니다. 그래서 냉전적 정책을 좋아하는 것이지요.

진보란 무엇인가. 힘 있는 사람이 누리는 권력을 약자도 함께 누리도록 하기 위해서 힘없는 사람의 연대와 참여를 중시하는 생각입니다. 시장경제를 필요한 것으로 인정하나, 시장의 한계와 실패를 주목하고 이를 보완하기 위한 국가의 역할을 요구합니다. 개방을 반대하고, 대외정책은 평화주의를 지향합니다. 보통 그렇다는 것입니다.

이 구분에 따라 노 대통령은 참여정부를 진보의 정부라고 했다. 그러면서 참여정부가 보여주는 진보의 색깔을 이모저모로 분석했다. 우선 실현 가능한 진보라고 했다.

국민의 정부, 참여정부의 진보는 민주노동당의 진보와 어떻게 다른가. 실현 가능한 대안이 있는 정부입니다. 현실에서 채택이 가능한 대안, 그리고 타협 가능한 수준으로 정책을 만들고 현실에 적용할 대안을 만듭니다. 세상 돌아가는 이치에 맞는 정책이라야 그 정책이 성공할 수 있는 것입니다. 현실 돌아가는 이치에 맞도록 진보적 정책을 쓰자, 이것이 민주노동당과 다른 것이지요.

**실현 가능한 진보, 실용적 진보는 시장 친화적 진보와 연결된다고 했다.**

재원 조달이 가능한 정책이라야 합니다. 예산의 구조 조정도 한계가 있고 세금을 함부로 만들고 올릴 수도 없습니다. 그래서 현실에 적용 가능한 진보, 그러니까 실용적 진보입니다. 시장 친화적인 진보입니다. 시장주의의 본질에 반하는 정책은 실현되기도 어렵고 억지로 실현하려고 해도 오래가지 못하고 왜곡이 발생해서 실패합니다. 그래서 시장 친화적인 정책, 그리고 시장과 조화를 이룰 수 있는 정책을 제공합니다.

**또 개방 지향의 진보이며, 대화하는 진보, 타협하는 진보라고 했다. 미국과의 관계에서는 '배타하지 않는 자주'라고 했다.**

개방 지향의 진보입니다. 개방의 문제를 이념의 문제로 볼 이유가 없다고 봅니다. 그래서 능동적 개방주의를 채택하고 있는 점이 기존의 진보와 좀 다릅니다.

배타하지 않는 자주입니다. 반미, 이것도 또한 사대주의라고 말씀드렸습니다. 미국을 배타적으로 배척할 이유는 없습니다. 바로잡을 것만 냉정하게 바로잡아가면서, 또 바로잡고 고칠 것은 고치되 한꺼번에 마음 상하게 해서는 좋은 일도 없고 또한 다 성취할 수도 없습니다. 힘도 없으면서 오기만 가지고 다 되는 일은 아닙니다. 그래서 합리적으로 대응해나가는 자주의 노선이 필요합니다. 대화하는 진보, 타협하는 진보입니다. 대화와 타협은 민주주의의 요체입니다.

노 대통령은 "참여정부의 진보를 합리적 진보, 또는 실용적 진보, 유연한 진보 등으로 표현하고 있다"면서 그중에 "합리적 진보가 가장 포괄적인 용어"라고 했다.

진보에 대해 체계적으로 공부를 해오던 대통령은 누가 주체가 되어 누구와 손잡고 진보다운 세상을 만들어갈 수 있을까로 고민의 영역을 확장하고 있었다. 2007년 가을 마지막 인터뷰에서 대통령은 "내가 어느 책에서 본 것이 아니고 나 스스로 요즘 이런 생각을 하고 있다"면서 "계급적 관점이 아닌 행태적 관점의 시민에 주목하고 있다"고 했다.

"정당의 지지 기반, 이것을 자꾸 계층적으로 나누는 경향이 있습니다. 계급적 관점에서, 계층적 관점에서 중산층과 서민을 잡으려 한 것이 핵심적인 전략이었죠. 그런데 나는 정당의 기반을 계급적 관점이 아니라 시민의 관점에서 봐야 한다고 봅니다. 유권자적인 시민의 관점에서, 그 시민을 행태적인 관점에서 분석하려고 노력하자는 것이죠."

그런데 행태적 관점이란 무엇일까? 계급, 계층의식에 관계없이 행태적으로 민주주의를 지지하고 그것을 만들어가는 과정에 참여하는 것을 말하는 듯했다.

"행태적인 관점이 뭐냐. 권리의식을 분명하게 가지고, 근대의 부르주아 의식을 가지고 있는 것을 말합니다. 근대 민주주의 혁명에 참여했던 사람들의 가치관과 사고방식, 그리고 행동, 이런 것이죠. 국민주권 사상이라든지, 인권 사상이라든지, 인간 중심의 사상이라든지 그런 여러 가지 것들이 있죠. 그런 것을 위해서는 시민이 적극적으로 행동하고, 적극적으로 개입하고, 적극적으로 참여해야 한다는 것이죠."

그는 서로 다른 생각, 행태를 가진 시민들 사이의 상호 침투가 중요하다고 했다.

"18세기에는 그런 시민들이 제한된 범위에 있는 사람들이었지만, 오늘날에는 그것이 광범위합니다. 중간지대에 있던 사람들도 계급적 경계선이 상당히 무너졌기 때문에 이제는 행태만 남습니다. 행태적 특성만 남습니다. 진보적인 행태의 사람이란 민주주의에 대한 확고한 믿음이 있는 사람, 미래지향적인 사람을 말하는 것입니다.

지난날 수정자본주의의 복지국가가 갈등과 균형의 기초 위에 서 있었다고 한다면, 오늘날에는 갈등과 융합의 기초 위에 서 있어야 합니다. 대립적 갈등과 세력 간 균형이 아니라, 이제는 진보적 사고를 가진 사람과 기득권적 사고를 가진 사람의 행태적 분류 속에서 상호 침투하고 융합하는 거지요. 결과적으로 계층 간으로 상호 침투하고 융합하면서 가는 것이죠."

노무현 대통령은 이 주제에 대해 공부를 더 해보겠다고 했다.

"어느 책에서 본 적도 없는데, 요즘 그런 생각을 하게 돼서 앞으로 이것을 연구해보려고 합니다. 학자들의 도움을 받아야겠지요."

나중에 정치학 교과서를 쓰시게 되면 이 부분도 한 꼭지 들어가야겠군요.

"학자들을 만나 토론을 하면서 개념을 좀 만들어봐야죠. 관심을 가진 사람들은 보게 될지도 모르죠. 준비를 해야 합니다."

노 대통령은 그런 행태적 관점에서 다양한 시민들과 접촉하고 그들을 공부하고 있었다.

"어제 내가 벤처기업가들 대상으로 강연을 했는데 주제가 '기업하기 좋은 나라'였습니다. 그들은 공정한 경쟁을 요구하는 시장주의자들이기 때문에 매우 중요합니다. 시장의 특권 위에서 기득권을 유지하려는 사람이 아니라, 시장에서 공정한 경쟁을 요구하는 사람들이거든요. 시장의 갈등에서 진보적 자유주의 의식을 가지고 있는 사람, 멀리보고 미래를 생각하는 그런 안목을 가진 사람이 진보에 도움이 될 수 있을 것입니다."

임기 중에 진보의 미래에 대해 공부하던 노무현 대통령은 퇴임 후에 봉하마을로 내려가 그것을 더욱 심화시켜나갔다. 전직 대통령은 그 공부를 혼자만 하지 않았다. 참여정부에 함께했던 학자, 정치인과 토론을 벌여가며 심화시켰다. 특히 봉하마을 홈페이지 〈사람 사는 세상〉을 통해 시민들과 소통하면서 그 공부를 했다. 전직 대통령이 되어 낙향한 지 보름여가 지난 2008년 3월 14일, 그는 '이 글을 추천합니다-시민주권운동'을 〈사람 사는 세상〉에 올렸다.

> 시민주권운동, 앞으로 제가 여러분에게 함께하고자 말씀 드리고 싶은 운동입니다. 이 개념을 저보다 잘 설명한 글입니다. 일독을 권합니다.

전직 대통령이 추천한 글은 '다불어'라는 누리꾼이 쓴 것이었다. 이 누리꾼은 왜 시민주권운동이 본질적으로 진보적인지를 이렇게 설명하고 있었다.

> 사회운동은 가치를 지향합니다. 보수적 가치의 운동도 있고 진보적 가치의 운동도 있습니다. 그것은 모인 다수들의 가치에 따라 달라집니다. 시민주권운동은 시민들이 모여 주권을 되찾는 운동입니다. 시민은 항상 올바른 가치를 추구합니다. 그래서 시민주권운동은 진보의 가치를 지향하는 운동입니다. 자유와 평등을 추구하는 시민은 본질적으로 진보적입니다. 이를 막는 세력은 보수 내지 수구적입니다.

이후에도 전직 대통령은 스스로 글을 올리고, 누리꾼의 글을 추천하면서 공부를 계속했다. 가장 본격적으로 진보의 미래를 공부한 것은 검찰의 수사가 본격적으로 자신을 겨냥하고 있음을 알게 된 2009년 봄이었다. 그는 3월 26일 그동안 함께 공부를 해오던 참여정부 인사들에게 "주제를 진보주의 연구로 가는 것이 좋겠습니다"라는 제안을 했다.

대통령 임기가 끝나갈 무렵 저는 임기를 마치면 이제 한 사람의 시민으로 돌아가서 '시민주권운동'에 한몫을 해보고 싶다는 생각을 가졌습니다.

민권 변론, 시민운동, 야당 정치, 그리고 정권의 운영. 이런 경험을 하는 동안, 저는 모두가 다 중요하지만 '민주주의든 진보주의든 궁극적으로는 시민들이 생각하고 행동하는 만큼만 간다'는 이치를 거듭 확인했기 때문입니다.

생가 마당에서 만나는 사람들과 대화를 하게 되었습니다. 처음에는 제 고향 내력, 제 고향에서 앞으로 하고자 하는 일, 이런 이야기를 했습니다. 그런데 사람들은 먹고사는 이야기를 하라고 합니다. 먹고사는 이야기도 여러 종류일 것입니다. 사업 이야기, 직장 이야기, 투자 이야기, 끝도 없겠지만 제가 할 수 있는 이야기는 '국민들의 행복한 삶을 위하여 국가는 무엇을 해야 하는가?' 하는 것밖에 없습니다. 결국 정책에 관한 이야기를 해야 하는데, 이것은 진보의 정책과 보수의 정책을 비교하는 이야기가 핵심이 될 수밖에 없습니다.

사람들은 생각보다 반응이 진지했습니다. 시민주권 이야기, 교육 이야

© 노무현

기도 관심은 높았으나 일부 사람들의 반응이었고, 연령과 계층에 구분 없이 관심을 보이는 주제는 경제와 복지에 관한 정책이었습니다. 그래서 '국가의 역할'을 주제로 해보자는 제안을 드렸던 것입니다.

그런데 이렇게 해놓고 줄거리를 구상해보니, 진보의 시대와 보수의 시대, 보수의 시대와 진보주의의 대응, 진보의 나라와 보수의 나라, 보수주의 시대의 결산, 신자유주의 정책에 대한 평가, 진보주의의 국가 전략, 인류의 미래와 진보주의 등으로 주제를 확대하는 것이 좋겠다는 생각이 듭니다.

그런데 국가의 역할이라는 주제를 가지고 이들 주제를 모두 담기에는 좀 버거울 것입니다. 한편으로는 조사를 해보니, '국가의 역할'이라는 관점으로는 상당히 많은 연구가 있었고, 저술도 나와 있어서, 같은 방향으로 접근하는 것이 뒷북이 될 가능성이 있다는 사실을 확인할 수 있었습니다. 그러므로 주제를 진보와 보수, 진보의 나라와 보수의 나라, 또는 진보주의의 미래, 이런 방향으로 가는 것이 좋을 것 같습니다.


전직 대통령 노무현은 이 글을 쓰기 엿새 전인 2009년 3월 20일에는 '어떤 나라가 좋은 나라일까'라는 제목의 글에서 자신이 진보주의 연구를 본격적으로 하기 위해 만든 수십 가지의 작은 주제를 메모 형식으로 작성했다.

이 글에서 그는 진보의 미래를 연구하는 것은 '결국 먹고사는 이야기'라고 했다.

보수와 진보에 관한 이야기는 결국 먹고사는 이야기다. 오늘날 국회에서 사생결단하듯 싸우고 있는 주제도 깊이 들여다보면 보수와 진보가 갈등하는 주제 안에 있다. 그런데 보수는 무엇이고 진보는 무엇인가? 개념에서 시작하여 주장과 논리, 역사, 누구의 사상인가? 이렇게 설명하자면 이야기가 길고 복잡하다. 이런 이야기와 국민들이 먹고사는 일이 어떻게 서로 연결되어 있는지를 설명하는 일은 더욱 어렵다. 보수와 진보가 서로 어떻게 다른지 한마디, 아니면 몇 마디로 선명하게 비교하여 보여주는 방법은 없을까?

이런 목적을 가지고 그는 토론을 하고 책을 읽었다.

나는 제레미 리프킨이라는 사람이 쓴 《유러피언 드림》이라는 책과 폴 크루그먼이라는 사람이 쓴 《미래를 말하다》라는 책을 읽고, '보수의 나라와 진보의 나라', '보수의 시대와 진보의 시대', 이런 관점을 발견하였다. 살아 있는 현실로서 미국과 유럽을 비교해보고, 살아 있는 역사로서 진보의 시대와 보수의 시대를 비교해보는 것이다. 이렇게 보면 나무가 아니라 숲을 둘러보듯이 큰 틀에서 보수와 진보의 실상을 이해할 수 있겠다는 생각이 들었다.

그런 생각을 가진 전직 대통령 노무현은 이 글에서 수많은 질문을 던진다. 세계의 역사 속에서 왜, 어떤 국면에서 진보 또는 보수가 망하고 흥하게 되었는지를 묻는 것들이었다. 그 마지막 대목은 한국의 진보에 대해 묻는 것이었다. 그대로 옮긴다.


0. 한국은 지금 몇 시인가?

―생각이 잘 안 풀린다.

―한국에도 진보주의의 역사가 있었는가?

―한국의 진보주의의 역사

　　상해 임정의 노선

　　제헌 헌법의 진보주의 – 유진오의 헌법의 기초이론

　　고난과 박해의 역사

　　진보주의와 반독재 투쟁

―김대중 정부, 노무현 정부는 진보의 정권이었는가?

　　제3의 길, 유럽의 진보주의 기준으로 평가해보자. 그래도 한계는 분명하다.

　　본시 그들의 좌표는 어디에 있었을까?

　　과거의 말과 이력을 살펴보자.

　　무엇이 발목을 잡았을까? – 한국의 이념 구도, 신자유주의의 세계적 조류, 제3의 길 노선의 세례, 위기와 극복을 위한 비상대책, 정치 세력의 한계 – 소수파 정권, 여론을 주도하는 조직적 세력의 열세, 진보주의의 분파와 분열과 갈등.

―진보주의 정치 세력의 한계

노동운동의 한계와 좌절 - 역량의 한계와 역량을 초과하는 의식,

이념의 과잉, 노동 - 환경의 변화, 그리고 이기주의,

진보 정치 세력의 한계는?

중도 진보주의 정치 세력의 분열과 변절, 지역 대결

—전망은 무엇인가?

0. 시민의 역할은 무엇인가?

전직 대통령 노무현은 검찰의 칼이 자신의 목전에 와 있음을 알면서
도 그렇게 진보의 미래를 공부했다. 그가 이런 치열한 문제의식을 담
은 글을 쓴 것은 '정치하지 마라'(2009년 3월 4일)는 글을 〈사람 사는
세상〉에 올리고도 보름여가 지난 뒤였다. 그는 끝까지 포기하지 않으
려 했다.

그러나 그는 두 달 후인 2009년 5월 23일 새벽, 모든 것을 정리했다.
그가 유서에 담은 이 두 줄이 무겁게 다가온다.

건강이 좋지 않아서 아무것도 할 수가 없다.

책을 읽을 수도 글을 쓸 수도 없다.

이제 누군가가 노무현을 공부하고 있을 것이다. 그가 남긴 질문들에
밑줄 그으면서.

# 부족한 그대로 동지가 됩시다

희망 씨.

학교는 잘 다니고 있나요?

지금까지 내가 앞에서 그린 여섯 명의 노무현의 모습이 어땠나요? 당신이 생각했던, 당신이 그렸던 노무현의 모습과 어느 정도 같은가요? 어느 정도 다른가요?

희망 씨.

2009년 5월 29일 바보 대통령의 국민장 때 우린 시청역 근처에서 만났지요.

나는 노란 풍선에 또렷하게 '스무 살 대한민국 희망'이라고 자신의 이름을 적어 넣던 희망 씨의 모습을 기억하고 있습니다. 그리고 당신이 그 노란 풍선에 썼던 다짐도 잊지 못하고 있습니다.

"당신의 죽음이 헛되지 않도록 진정한 민주주의를 위해 열심히 공부하고, 지키기 위해 노력하겠습니다."

그날 이후 내가 만난 많은 사람들은 "노무현 때문에……"라는 말을 많이 했습니다.

"노무현 때문에 다시 정치를 공부하게 됐다."

"노무현 때문에 다음 선거에서 반드시 투표하겠다고 작심했다."

"그동안 바보처럼 살았는데 바보 노무현 때문에 더 이상 바보처럼 못 살겠다."

바보 시민들이 그렇게 공부를 새로 시작하고 있었습니다.


희망 씨.

나도 그날 이후 노무현 공부를 하고 있습니다. 2년 전 했던 그와의 인터뷰 녹취록을 다시 읽고 또 읽어봅니다. 최근에는 노무현 전 대통령이 퇴임 후 봉하마을에서 쓴 글들을 모두 읽었습니다. 주로 〈사람 사는 세상〉에 올린 글인데 A4용지로 123장에 달했습니다. 나는 그 글을 읽으면서 답을 찾고 있었습니다. 노무현을 새로 공부해보겠다는 시민들이 늘어나고 있는데 어떻게 노무현을 공부해야 할까? 어떻게 공부해야 제대로 노무현을 공부했다고 할 수 있을까?

퇴임 후 노무현 전 대통령이 쓴 글들을 읽어보니 정치인 노무현에서 인간 노무현으로 변한 한 사람과 마주하게 되었습니다.

세상을 바꾸었느냐? 권세를 누렸느냐?

이 이야기는 오래전부터 혼자 생각해오던 것입니다. 과연 어떤 소망을 가지고 정치를 했던 것인지는 저 스스로도 자신 있게 말할 수가 없었습니다. 잠재의식의 세계는 자신도 다 알 수 없는 일이라고 들었기 때문입니다.

세상을 고치고 바꾸자고 한 일이었다면 이루어놓은 일이 너무 적고, 권세를 탐하여 정치를 한 것이라면 그를 위하여 저나 제 주위 사람들이 치른 대가가 너무 많았던 것 같습니다.

그가 2009년 2월 13일에 쓴 글입니다. 검찰 수사가 자신을 겨냥하고 있음을 분명히 알고 있던 때입니다. 그는 "세상을 고치고 바꾸자고 한 일이었다면 이루어놓은 일이 너무 적다"고 했습니다. 우리는 그의 자평에 동의할 수 있을까요?

희망 씨.

사람들은 어떤 소망을 품고 자신의 일을 하고 있을까요? 노 전 대통령이 내게 묻는 것 같았습니다. 세상을 바꾸었냐고. 너의 만족을 위해 글을 썼냐고.

노무현 전 대통령은 2009년 2월 22일 귀향 1년 인사로 다음과 같은 글을 썼습니다. 그는 인생에서 가장 행복했던 때가 고시 공부하던 시절이라고 했습니다.

딱딱한 법률 책을, 읽고 또 읽는다는 것이 보통 힘든 일은 아니었습니다만, 책을 읽을 때마다 하나씩 새로운 이치를 깨우치고 아는 것을 더해간다는 것이 제겐 참 기쁜 일이었습니다. 비록 목표에 대한 기대와 집념이 단단하기는 했지만, 서른이 되도록 부모님에게 얹혀사는 살림살이에, 실낱같은 희망 하나를 바라보며, 아무런 놀이도 휴식도 없이 오로지 책상에서 책과 씨름하는 강행군을, 그것도 몇 년씩이나 계속한다는 것은 여간 고통스러운 일이 아니었을 것입니다. 그런데도 오랜 동안 그 시절을 행복했던 시절로 기억하는 것은 아마 그런 기쁨이 주는 충만함 때문이었을 것입니다.

희망 씨.
우리의 전직 대통령은 고시 공부하듯 이런저런 책을 읽으면서 "오늘을 사는 우리가 가야 할 길"을 찾고 있었습니다. "삶이 무엇이고, 왜 어떻게 살아야 하는지"도 고뇌한 것으로 보입니다.

책을 읽고 새롭게 알게 되거나 확인하게 되는 것들이 모두 제가 풀고 싶은 의문에 완전한 해답을 주는 것은 아닐지라도, 이렇게 하는 동안 세상 이치를 깨우쳐가는 기쁨이 있고, 자신에게 충실한 삶을 살고자 하는 노력에 스스로 보람을 느낍니다.
삶이 무엇이고, 왜 어떻게 살아야 하는지를 알아낼 수는 없을 것입니다. 그러나 세상이 무엇이고, 어디로 가야 하는지, 우리가 무엇을 할 수 있는지에 관하여는, 불변의 진리를 알 수는 없겠지만, 오늘을 사는 우리가 가야 할 길을 서로 나눌 수 있을 만큼은 다가갈 수 있을 것입니다.

그런데 안타까운 이야기입니다. 전직 대통령은 왜 그 시점에서 실패와 좌절을 정리해보려고 했을까요? "큰 자리를 성취한 사람의 실패 이야기"를 통해 우리에게 무엇을 전해주려 했을까요?

생각이 좀 정리되면, 근래 읽은 책 이야기, 직업 정치는 하지 마라, 하더라도 대통령은 하지 마라는 이야기, 인생에서 실패한 이야기, 이런 이야기를 좀 해보려고 합니다.

무슨 큰일을 도모하기 위하여 이런 이야기를 하려는 것은 아닙니다. 그냥 인생을 정리하면서 자라나는 사람들과 삶의 경험을 나누려고 합니다. 경험 중에서도 큰 자리를 성취한 사람의 실패와 좌절 이야기를 하려고 합니다. 화려한 성취의 이면에 있는 어두운 이야기가 큰 성취를 이루고자 하는 사람들에게 도움이 될 것이라고 생각하기 때문입니다.

희망 씨.

전직 대통령에 대한 검찰 수사와 관련해 우리는 어느 정도의 진실을 알고 있을까요? 노 전 대통령이 그에 대한 심경을 마지막으로 언급한 것은 2009년 4월 22일입니다. 이 글에서 노무현 전 대통령은 아마도 그의 평생에서 가장 하기 힘든 말을 합니다. 지지자들에게 "여러분은 저를 버리셔야 합니다"라고 썼습니다. "이상 더 노무현은 여러분이 추구하는 가치의 상징이 될 수가 없습니다"라고 썼습니다. 그토록 가치를 소중히 여기던 정치인 노무현이, 불과 한 달 전까지도 진보의 미래를 설계하던 전직 대통령이 그런 글을 쓰고야 말았습니다.

> 이상 더 노무현은 여러분이 추구하는 가치의 상징이 될 수가 없습니다. 자격을 상실한 것입니다. 저는 이미 헤어날 수 없는 수렁에 빠져 있습니다. 여러분은 이 수렁에 함께 빠져서는 안 됩니다. 여러분은 저를 버리셔야 합니다. 적어도 한발 물러서서 새로운 관점으로 저를 평가해보는 지혜가 필요합니다.

희망 씨.

그는 우리에게 "노무현을 버리셔야 한다"고 했습니다. "여러분은 이 수렁에 함께 빠져서는 안 된다"고 했습니다. 그런데 살아남은 자들은 노무현을 버리지 못하고 있습니다. 덕수궁 대한문 앞 분향소 주변과 시청 지하철역 출구에 붙여진 수많은 다짐들, 봉하마을 조문록에 적은 눈물의 다짐들은 노무현을 버리지 못하겠다는 것입니다.

"이제야 당신의 뜻을, 당신이 하고자 했던 바를 알 것 같습니다. 지못미."

"자녀 이름을 '무현'으로 짓겠습니다. 가슴에 칼을 품습니다."

"당신 덕에 이제 알았습니다. 행동하지 않는 선은 악이라는 것을. 이제 더 이상 모른 체하지는 않으렵니다."

"처음으로 정치를 해보고 싶다는 생각을 했습니다."

"편히 잠드소서. 다음엔 꼭 투표하겠습니다."

그들은 왜 그런 예사롭지 않은 다짐들을 했을까요? 이런 생각을 하기 때문이겠지요. 이명박 정권 들어 죽은 자들이, 죽어가고 있는 자들이 어찌 노무현과 친노 정치인뿐이겠는가.

용산참사는 이 정권이 사회적 약자를 어떻게 대하고 있는가를 보여줬습니다. 누리꾼 미네르바를 구속한 것은 이 정권이 민주주의의 기본인 표현의 자유를 얼마나 과감히 유린하고 있는가를 보여줬습니다. 거듭된 법원의 구속영장 기각에도 불구하고 최열 환경재단 대표를 기어이 구속하려고 한 것은 이 정권이 시민단체 흠집 내기에 얼마나 열을 올리고 있는가를 보여줬습니다. 한국예술종합학교 황지우 총장을 끝내 몰아낸 것은 정연주 KBS 사장 몰아내기에서 시작한 진보개혁 인사 솎아내기의 또 하나의 사례입니다.

누가 노무현을 죽였는가? 노무현과 함께 무엇이 죽어가고 있는가? 바보 노무현을 조문한 500만 명의 시민들은 그런 질문을 품고 있었겠지요. 봉하마을에서 만난 조문객들도 그랬습니다. 내가 내려간 날은 약 20만 명이 다녀갔다고 했습니다. 그날 한때 소낙비가 30여 분간 쏟아졌는데도 조문 대열은 전혀 흐트러지지 않았습니다. 나는 그 일반 조문객들 사이에서 헌화를 위해 40분을 기다리면서 이런 말을 수 없이 들었습니다.

"이 정권이 죽였지, 이명박 정권이……."

희망 씨.

나는 그날 서울로 오는 길에 밀양역 앞에 있는 한 식당에 들렀습니다. 마침 KBS 9시뉴스가 나오고 있었습니다. 한 조문객이 화면에서 이렇게 말했습니다.

"처음에는 슬펐는데 나중엔 화가 났습니다."

그 방송을 보고 있던 40대 식당 주인이 혀를 차며 말했습니다.

"노 대통령하고 친하다고 다 잡아들이고 조사하고…… 남아나는 사람이 있어야지."

'남아나는 사람이 있어야지!' 노무현 전 대통령의 자살은 그래서 상징적입니다. 이명박 대통령이 그동안 진보개혁 세력을 어떻게 대접했는가와 닿아 있기 때문입니다. 우리는 그것이 부른 비극의 제1막을 봤을 뿐입니다. 노무현 전 대통령은 죽음으로 이명박 대통령에게 경고를 하고 있는 셈입니다. 이명박 대통령이 김대중-노무현 두 번의 진보개혁 정권을 잃어버린 10년으로 규정하는 한, 그것을 만들어낸 자부심으로 살아온 사람들을 포용하지 않고 죽이기를 계속하는 한 '극단적 해법'은 이어질 수밖에 없다고.

희망 씨.

노무현 전 대통령의 죽음을 보고 4천여 명의 교수들이 이명박 정권에게 경고하는 성명을 발표했습니다. 그 외침의 핵심은 "민주주의가 위기에 처해 있다"는 것이었습니다. 민주주의 위기. 그래서 간단치 않습니다.

대통령 노무현도 마지막 청와대 인터뷰에서 민주주의의 위기를 걱정했던 것을 기억하나요? 대통령 자리에서도 보수와 진보의 세력판도 차이를 극명하게 느꼈다는 그의 말을 기억하나요? 그래서 우린 우리에게 물어야 합니다. 500만 조문객의 다짐들은, 그들이 종이학으로 만든 희망나무는 지금 어디에서 어떤 모습으로 자라나고 있을까요?

다행스러운 것은 그 다짐들이 모아져 여기저기서 노무현 공부를 시작하고 있다는 것입니다. 진보의 미래를 공부하고 있다는 것입니다. 그렇다면 어떻게 노무현을 공부할 것인가? 봉하마을 홈페이지 〈사람 사는 세상〉에서 노무현 전 대통령이 쓴 글을 뒤지다 보니 '이거다' 싶은 것이 있었습니다.

2008년 3월 11일 '확신범'이라는 필명을 쓴 누리꾼이 '노무현 학습을 다시 시작하며'라는 글을 썼습니다. 노무현 전 대통령은 이 글을 추천하면서 "저보다 더 노무현을 잘 이해하고 있는 글"이라고 했습니다. '확신범'이 쓴 글을 요약해봅니다.

노무현은 액면 그대로이다. 소통이 정말 쉽다. 어렵다고 느끼는 것은

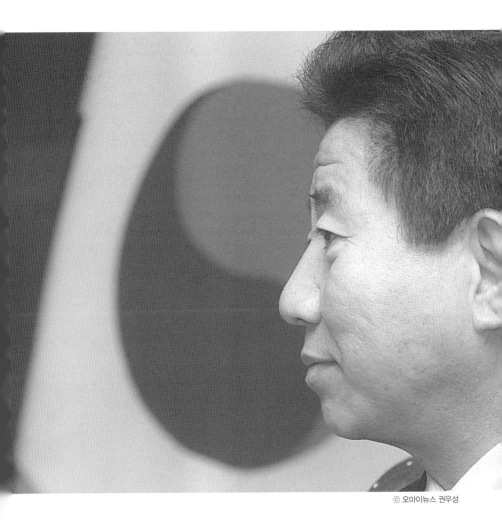

저 말 뒤에 다른 저의가 있을 거야 하는 기대 때문이다.

그러면서도 어려운 사람이라고 느끼는 점은 어떻게 하면 저 사람처럼 살 수 있지? 라고 느낄 때이다. 노무현은 말도 쉽지만 가장 쉽게 이해할 수 있는 행동을 삶으로 보여준다. 노무현은 행동으로 이해하면 무지무지 쉬워진다. (그러나 행동을 따라 하는 건 결코 쉬운 일이 아니다.) 노무현은 의미한다. 행동하자 그리고 목표는 저기다, 라고 손가락질한다.

노무현이 정답을, 방법을 알고 있다고 생각하는가? 물어보라. 그러면 대답할 것이다. 그건 아직 모르겠어요. 그래도 저리로 가야 해요. 이게 문제다. 결정적인 순간에 노무현은 자기가 할 수 있다고 하지 않고, 사람들이, 시간이, 역사가 할 것이라고 이야기한다. 우리 몫이라는 것이다.

그래서 그를 사랑하는 사람들이 힘들다. 단순히 팬으로 환호만 했으면 편하겠는데 …… 노무현 학습을 통해서 행동까지 해야 한다. 정답과 방법까지 함께 고민해주어야 한다. 그와 소통하는 것은 쉽다. 다만 그처럼 행동하는 것이 많이 어렵다는 거다. 노무현 학습을 다시 시작하면서 …… 고생길이 뻔한 나와 우리들의 삶에 위로와 축복을. 그래 안다, 이 길이 희망이고 행복임을.


**노무현 공부가 쉽지 않다고 했습니다. 단순히 팬으로만 그치지 말고 행동까지 해야 한다고 했습니다. 고생길이 뻔하다고 했습니다. 그래**

도 그 길이 희망이고 행복이라고 했습니다. 이 글에 대해 노무현 전 대통령은 이런 답글을 달았습니다.

> 노무현입니다.
>
> 저보다 저를 잘 그린 글입니다. 나중에 회고록에 담으면 좋겠다고 생각했습니다. 감사합니다.
>
> 다만, 이런 말은 해두고 싶군요. 저도 부족한 사람입니다. 그리고 저도 부족한 사람이라는 사실을 납득하지 않으려는 사람들을 두려워하고 있습니다. 그런 분들은 속았다고 생각하기가 쉽지요. 그리고 실망하고. 다음에는 세상을 불신하게 되지요.
>
> 부족한 그대로 동지가 되면 좋겠습니다.

제가 찾아 나선 답이 여기에 있었습니다. 노무현 공부를 하다 보면 부족한 사람 노무현과 마주칠 수도 있겠습니다. 노무현 이어달리기를 하다 보면 함께 길을 가는 사람들끼리 서로 부족한 면을 발견하고 실망할지도 모르겠습니다.

희망 씨.
바보 노무현이 가르쳐준 대로
우리, 부족한 그대로 동지가 되면 좋겠습니다.

# 고 노무현 제16대 대통령 연보 (1946~2009)

| | |
|---|---|
| 1946. 9. 1. | 경상남도 김해시 진영읍 봉하마을에서 출생(2녀 3남 중 막내) |
| 1959. 2. | 대창초등학교 졸업 |
| 1960. 2. | 교내 이승만 대통령 찬양 글짓기 행사에서 백지 동맹 선동 |
| 1963. 2. | 진영중학교 졸업 |
| 1966. 2. | 부산상업고등학교 졸업(53회) |
| 1968. 3. 8. | 육군 입대 |
| 1971. 1. 23. | 육군 상병 만기제대 |
| 1973. 1. 29. | 권양숙 여사와 결혼 |
| 1975. 3. 26. | 제17회 사법고시 합격(2차 합격자 60명 중 유일한 고졸 출신) |
| 1977. 9. 6. | 대전지방법원 판사 부임 |
| 1978. 5. 5. | 변호사 개업 |
| 1981. 1. 21. | 〈부산일보〉 법률상담 연재 |
| 1981. 9. | 부림사건 변론 |
| 1982. 5. | 부산 미문화원 방화사건 공동 변호인단 참여 |
| 1982. 6. 14. | 부산 미문화원 방화사건 첫 공판 |
| 1982. 9. 2. | 노무현·문재인 합동법률사무소 개업(현 법무법인 부산) |
| 1984. 8. | 부산 공해문제연구소 이사 |
| 1985. 5. 3. | 부산민주시민협의회 창립총회에서 상임위원 위촉(노동분과) |
| 1987. 2. 7. | 고 박종철 부산 추도회 참석, 연설 도중 연행(총 798명 연행) |
| 1987. 5. 20. | '호헌반대 민주헌법쟁취 범국민운동 부산본부' 상임집행위원장 |
| 1987. 7. 9. | '고 이한열 추모제 및 직선제쟁취기념 부산시민대회' 연설 |
| 1987. 9. 2. | 대우조선 노사분규 관련 '3자개입 위반' 혐의 구속(변호사 업무 정지) |
| 1988. 4. 26. | 제13대 국회의원 당선(통일민주당, 부산 동구) |
| 1988. 6. 4. | 변호사 업무 정지 해제 |
| 1988. 7. 22. | 민주사회를 위한 부산지역 변호사모임 결성 참여 |
| 1989. 12. 31. | 5공비리 청문회 스타(전두환 증인에 대한 청문회 명패 사건) |
| 1990. 3. 3. | 3당 야합 규탄 및 민주당 창당 지지대회 연설 |
| 1991. 9. 16. | 신민, 민주 야권 통합(통합협상 대표) |
| 1991. 9. 17. | 통합민주당 대변인 임명 |
| 1992. 3. 24. | 제14대 총선(민주당, 부산 동구) 낙선 |
| 1992. 11. 29. | 제14대 대통령선거 민주당 특별유세반, 정권교체 호소 |
| 1993. 3. 11. | 민주당 전당대회에서 최연소 최고위원 당선 |
| 1994. 9. 25. | 자전적 에세이집《여보 나 좀 도와줘》출판 |
| 1995. 2. 24. | 민주당 임시 전당대회에서 부총재로 선출 |
| 1995. 5. 9. | 민주당 부산시장 후보 경선 출마 선언 |
| 1995. 5. 12. | 민주당 부산시장 후보 선출 |
| 1995. 6. 27. | 부산시장 선거 낙선 |
| 1996. 1. 24. | 제15대 총선 서울 종로 출마 선언 |

| | |
|---|---|
| 1996. 4. 11. | 제15대 총선(민주당, 서울 종로) 낙선 |
| 1996. 11. 29. | '개혁과 통합을 위한 국민통합추진회의' 상임집행위원 |
| 1997. 3. 7. | 식당 '하로동선' 공동 개업 |
| 1997. 9. 3. | 소프트웨어 '우리들3.0' 개발 |
| 1997. 9. 25. | 《의원님들 요즘 장사 잘 돼요?》(공저) 출판 |
| 1997. 11. 13. | 새정치국민회의 입당 기자회견(부총재) |
| 1997. 11. 26. | 제15대 대선 수도권 거리 유세 '파랑새 유세단' 단장 |
| 1998. 7. 21. | 제15대 국회의원 재·보궐선거(서울 종로) 당선 |
| 1999. 2. 9. | 제16대 총선 부산경남 출마 선언 |
| 2000. 1. 25. | 새천년민주당 지도위원 |
| 2000. 4. 13. | 제16대 총선(부산 북구) 낙선 |
| 2000. 8. 7. | 해양수산부 장관 취임(김대중 정부 2기 내각) |
| 2001. 7. 20. | '자치경영연구원' 부산본부 설립 |
| 2001. 12. 3. | 《노무현이 만난 링컨》 출판 |
| 2001. 12. 10. | 제16대 대선 출마 공식 선언 |
| 2002. 1. 17. | '넷피플' 주최 네티즌과의 토론회 참석 |
| 2002. 3. 9. | 새천년민주당 대선 후보 경선 시작 |
| 2002. 4. 27. | 새천년민주당 제16대 대통령 후보 선출 |
| 2002. 10. 20. | 개혁국민정당 발기인 대회 |
| 2002. 11. 3. | 정몽준 후보에게 '국민경선 통한 후보 단일화' 제안 |
| 2002. 11. 25. | 단일 후보 확정 |
| 2002. 12. 19. | 제16대 대통령 당선 |
| 2003. 2. 25. | 제16대 대통령 취임 |
| 2003. 3. 9. | 전국 지검 평검사들과 공개토론 |
| 2004. 3. 9. | 한나라당·민주당 의원 159명 대통령 탄핵소추안 발의 |
| 2004. 3. 12. | 국회 탄핵소추안 가결 |
| 2004. 5. 14. | 헌법재판소 탄핵소추안 기각 |
| 2005. 7. 28. | 한나라당 주도 대연정 제안 |
| 2007. 10. 3. | 평양에서 남북정상회담 개최 |
| 2008. 2. 24. | 대통령 임기 종료 |
| 2008. 2. 25. | 봉하마을 귀향 |
| 2008. 12. 4. | 형 노건평 씨 구속 |
| 2008. 12. 13. | 후원자 박연차 태광실업 회장 구속 |
| 2009. 4. 30. | 검찰 소환 조사 |
| 2009. 5. 23. | 봉하마을에서 서거 |
| 2009. 5. 29. | 제16대 대통령 노무현 국민장 |
| 2009. 7. 10. | 봉하마을에 안장 |

출처: 사람사는세상 노무현재단

# 노무현, 마지막 인터뷰

초판 1쇄  펴낸날 | 2009년 7월 28일
개정판 1쇄 펴낸날 | 2017년 5월 16일

지은이  인터뷰 노무현, 글 오연호
펴낸이  오연호
본부장  김병기
편집장  서정은 편집 김초희 관리 문미정

펴낸곳  오마이북
등록  제313-2010-94호 2010년 3월 29일
주소  서울시 마포구 월드컵북로 396 누리꿈스퀘어 비즈니스타워 18층 (03925)
전화  02-733-5505 (내선 271) 팩스 02-3142-5078
홈페이지  book.ohmynews.com 이메일 book@ohmynews.com
페이스북  www.facebook.com/Omybook

기획  이한기 선완규
책임편집  서정은
디자인  여상우
인쇄  천일문화사

ⓒ 노무현 · 오연호

ISBN 978-89-97780-23-5   03300

이 도서의 국립중앙도서관 출판예정도서목록(CIP)은 서지정보유통지원시스템
홈페이지(http://seoji.nl.go.kr)와 국가자료공동목록시스템(http://www.nl.go.kr/kolisnet)에서
이용하실 수 있습니다.(CIP제어번호: CIP2017010458)

이 책은 저작권 및 퍼블리시티권 이용허락을 받아 출판되었습니다.

오마이북은 오마이뉴스에서 만드는 책입니다.